경제생활백서

이경은 지음

경제생활백서

오늘보다 나은 내일을 선택한
당신을 위한 똑똑한 경제학

經濟生活白書

이경은 지음

위기의 시대를 사는
현대인을 위한 심리 경제학

지난 7년간 그야말로 재테크에 푹 파묻혀 지냈다. 경제부 병아리 기자였던 2004년 초, 처음 맡은 업무가 바로 재테크였다. 당시 내게 재테크는 미지의 세계였기에 솔직히 두려운 마음만 가득했다. 그런데 시간이 흐를수록 '돈'을 취재하는 일이 너무나도 신나고 재미있었다. 그때까지 전혀 깨닫지 못하고 살아왔는데, 그야말로 내 적성에 딱 맞았다. '내가 돈에 밝았구나!' 꼭꼭 숨어 있던 나의 새로운 잠재력을 발견하게 된 행복한 시간이었다. 즐겁게 생활해서일까, 그새 시간이 7년이나 흘렀다. 정말 꿈만 같다.

그동안 나는 어느 누구보다도 빨리 돈의 흐름을 꿰뚫어 보고 먼저 기사화하겠다는 의지를 불태우며 시장을 종횡무진 누볐다. 동굴 안에서 머리를 쏙 내밀면서 "나 잡아봐라"라고 외치는 돈의 목소리에 늘 귀를 쫑긋 세우고 살았다. 치열한 머니게임 전쟁터에서 금맥을 캐내고 있는 고수高手들을 수도 없이 만났고, 그들이 들려준 알토란 같은 정보들을 독자들과 남김없이 공유했다. 내가 생활 속에서 직접 실천하면서 터득한 알짜 재테크 요령들은 「쏙쏙 재테크」란 주간 칼럼을 통해 지면에 낱낱이 공개했고, 독자들에게 분에 넘칠 만큼 따뜻한 격려를 받았다.

재테크에 대한 나의 생각과 태도는 시시각각 변했다. 지금 고백하건대, 나 스스로 진실인지 거짓인지 알아보려고 노력조차 하지 않고서 그저 들은 이야기만 앵무새처럼 받아 적어 소개한 적도 있다. 불과 1년 전만 해도 절대 진리라도 되는 양 한 치도 의심하지 않았던 사실들이, 시간이 흘러 찬찬히 살펴보면 교묘한 거짓말에 불과했다는 걸 깨닫고 당황하기도 했다. 최고 전문가라며 추앙받던 사람인데 실제로 만나보니 준準사기꾼이나 다름없어서 허탈했던 기억도 있다.

달력을 여섯 개나 새로 바꿔 다는 동안 내가 온갖 시행착오를 거치면서 얻은 소중한 재테크 교훈들과 알토란같은 정보들을 이 책에 오롯이 담았다. 특히 고령화와 조기퇴직의 덫에 걸려 버린 20~30대에게 도움이 될 만한 구체적인 행동 요령을 자세히 다뤘다.

지금의 20~30대는 예전 세대와 비교하면 땅을 치면서 억울해 해야 할 만큼 부자 되는 문턱이 훌쩍 높아졌다. 자칫 멍하고 앉아만 있다간 4학년(40대), 5학년(50대)이 됐을 때 후회하기 십상이다. 그러나 뒤늦게 후회해 봤자, 지나버린 시간을 되돌릴 순 없다. 부디 새털처럼 살아갈 시간이 많이 남은 20~30대가 이 책을 보면서 스스로를 채찍질해서 부자가 되는 실마리를 빨리 찾아내길 바란다.

현재 재테크 수준을 가늠해 볼 수 있는 간단한 자가진단 체크 리스트 '당신의 경제생활 유형은?'을 첨부했으니 재미 삼아 풀어 보길 바란다. 진단 결과가 A 유형이라면 지금 재테크를 아주 잘 하고 있는 것이니 이 책은 과감히 덮어도 좋다. 그러나 B~D 유형이라면 금융상품을 휘두르는 수완이 아직은 부족한 편이니 이 책의 2~3부를 꼼꼼히 읽으면서 지갑을 재구성해 보면 좋겠다. E~H 유형으로 진단받았다면 부자에 대해 집중 분석한 4~5부를 염두에 두고 읽길 바란다. 부자들의 경제습관을 좇다 보면 실질적인 배움을 많이 얻게 될 것이다.

이 책을 완성하기까지 정말 많은 분들의 도움을 받았다. 특히 신문사 경제부 선후배들의 빈틈없는 지원 사격이 없었다면 책을 무사히 마무리하지 못했을 것이다. 이 자리를 빌려 다시 한 번 감사를 표한다.

2010년 5월 서울 광화문에서

당신의 경제생활 유형은?

start
YES
NO
소득의 10% 이상 저축한다 (보험, 대출상환 제외)
갑자기 1,000만 원이 필요해도 걱정 없이 융통할 수 있다
5년 필요한 저축 액을 계산해본 적 있다
부자 지인이나 이웃이 있다
A
최근 1년간 마이너스통장이나 신용대출을 이용했다
여럿이 먹으면 내가 계산해야 마음이 편하다
노후 준비는 부동산이 가장 좋은 해법이다
C
B
친구가 좋은 기회라고 하면 무조건 투자한다
포커, 내기 경마를 좋아한다
E
D
H
G
F

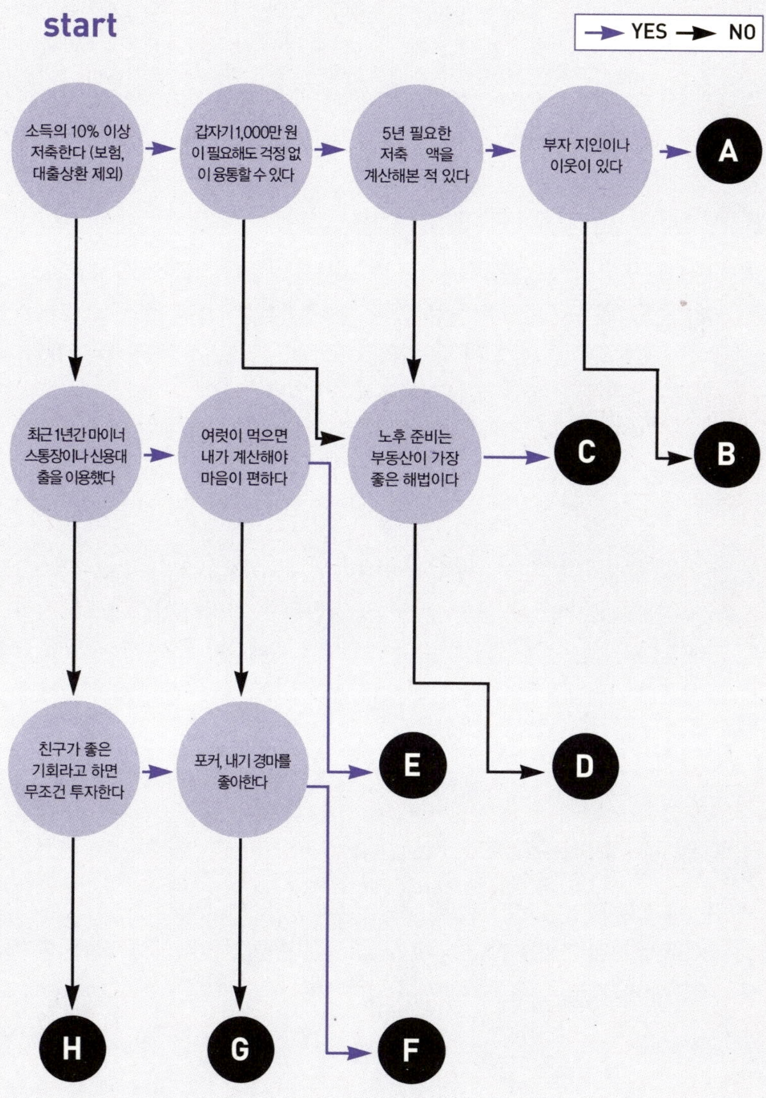

Ⓐ 당신은 대관식만 남은 황태자입니다.

당신은 부자가 되기 위한 모든 조건을 갖추고 있다. 먼 미래를 내다보고 계획도 잘 세우며 전문가들의 의견에도 귀를 기울인다. '돈'에 대한 당신의 사고방식도 분명 긍정적일 것이다. 유능하고 마음에 맞는 자산관리자까지 만났다면 금상첨화일 것이다.

위기 탈출 처방약 : 오피스텔이나 다가구주택 등 수익형 부동산에 관심 가져보기.

Ⓑ 당신은 외로운 선장입니다.

부자가 되기 위한 당신의 끊임없는 노력에 박수를 보낸다. 아직 배에 보물을 가득 싣진 못했지만 포기하지 마시길. 아직 가봐야 할 바다가 더 많으니까. 항로는 혼자서 결정하지 마시길. 나 홀로 여행에선 목적지 찾아내기가 쉽지 않다. 가끔 다른 사람의 조언에도 귀를 기울일 필요가 있다.

위기 탈출 처방약 : 금융상품마다 돈 모으는 목적을 적은 꼬리표를 달아 1년 이상 유지하기.

Ⓒ 당신은 10년째 고시생입니다.

끊임없이 저축하는 당신의 끈기에는 정말 감탄한다. 그러나 불행히도 당신의 먼 미래를 내다보는 눈이 없다. 고시만 합격하면 지금까지의 고생을 전부 보상받을 수 있다고 믿고 있는가? 세상이 얼마나 빠른 속도로 변하고 있는지, 제발 눈을 크게 뜨고 살펴보시길.

위기 탈출 처방약 : 은퇴 후 여유롭게 살기 위한 연금보험부터 가입하기.

Ⓓ 당신은 제갈공명 없는 유비입니다.

당신은 이제 막 국가대표로 선발된 운동선수다. 기본 여건은 다 갖췄으니 두려워 마시길. 훌륭한 코치를 만나 실력만 갈고닦으면 된다. 코치의 가르침을 믿고 독하게 훈련한다면 여유로운 알부자가 되는 것은 시간문제다.

위기 탈출 처방약 : 유동성 확보를 위해 CMA 통장을 만들고 6개월치 월급 넣어두기.

Ⓔ 당신은 마약중독자입니다.

당신은 마약보다 더 무서운 '소비'라는 습관에 중독돼 있다. 불확실한 미래가 펼쳐져 있는데 현실을 똑바로 보지도 않고 아예 생각조차 하지 않으려 한다. 몸을 혹사시키는 직업을 갖고 있으면서 혹시 질병이 있다는 진단을 받을까봐 건강검진을 피하는 겁쟁이라고나 할까.

위기 탈출 처방약 : 통장잔액 내에서만 소비가 가능한 체크카드를 만들고 신용카드는 몽땅 잘라내기.

Ⓕ 당신은 검투사입니다.

당신은 돈을 모으고 싶다는 욕구는 매우 강하지만 정상적인 경제활동을 통해 부자가 되는 건 불가능하다고 생각하고 있다. 투자란 곧 '승부'라고 인식하는 당신은 이 시합에 목숨을 거는 검투사다. 검투사가 수십 번 승리를 하더라도 한 번 실패하면 곧 죽음으로 이어진다는 사실을 기억하시길.

위기 탈출 처방약 : 종자돈을 안정적으로 불려 나가는 2금융권 적금.

Ⓖ 당신은 몽상가입니다.

부자가 되고 싶다는 욕구도 있고, 어떻게 하면 부자가 될까 고민도 많이 한다. 그러나 오로지 머릿속으로 이런저런 생각만 할 뿐 실제 행동으로 옮기진 않는다. 봄에 씨앗만 뿌렸을 뿐 전혀 돌보지도 않았는데 어떻게 가을에 풍성한 수확을 기대하겠는가.

위기 탈출 처방약 : 금융회사 자산관리자와의 상담 약속.

Ⓗ 당신은 쓰나미를 눈앞에 둔 야영객입니다.

당신은 돈이 남으면 저축하고, 없으면 하지 않는 기계적인 패턴을 반복한다. 지금까지는 별탈 없이 지내왔을지 모르지만, 인생을 살다 보면 뜻하지 않은 사건과 맞닥뜨릴 수도 있는 법. 기회는 눈을 뜬 사람에게만 보인다는 점을 잊지 마시길.

위기 탈출 처방약 : 불의의 사고에 대비하기 위한 보험부터 가입.

차례

06 세상에서 가장 무서운 말 6가지

지각생 언니의 참회록

결혼하고 나서도 재테크에 그리 큰 관심을 갖지 않고 살았다. 먹고 싶은 것, 사고 싶은 것, 하고 싶은 것이 생기면 주저하지 않고 바로 지갑을 열었다.

은행 금리는 꽤 높았고, 그래서 재테크에 별 신경을 쓰지 않고 살아도 문제가 되지 않았다. 은행 적금은 알라딘 램프처럼 단박에 부자로 만들어주진 않았지만, 만기 때 찾으면 그럭저럭 꽤 많은 금액이 되어 돌아왔다. 금융상품 종류도 그리 많지 않았기 때문에 아무런 사전 정보 없이도 그냥 손에 잡히는 대로 고르기만 하면 됐다.

부부가 모두 경제생활을 하다 보니 돈 문제로 골치 아플 일은 없었다. 딱히 부자가 되겠다는 욕심도 없어서 월급은 버는 족족 품위 유지비와 문화생활비로 거의 다 써버렸다. 집안에 돈 나갈 일이 생기면 내가 호기 있게 항상 앞장섰고, 부모님께는 다른 형제들보다 용돈을 늘 넉넉하게 드려 효녀 노릇을 톡톡히 했다. 주변 사람들에게 폼 내고 싶어서 과감하게 새 차도 뽑았다. 부부끼리 차를 타고 서울 근교에 있는 근사한 레스토랑에 가서 식사도 자주 했다. 어느 자리에서든, 누가 부탁하지 않아도 쏜살같이 지갑부터 열고 인심을 베풀었다. 주변엔 나를 만나고 싶어 하는 사람들로 넘쳐났다.

그러다 마흔 살 생일을 맞이한 어느 날, 갑자기 정신이 번쩍 들었다. 우리 부부보다 훨씬 적게 버는 집이 재테크에 성공해서 재산을 수억 원씩 불린 것을 알게 됐기 때문이다. 우리는 그저 제자리걸음만 하고 있을 뿐인데…… 우리 부부가 돈을 벌어도 더 많이 번 것 같은데 왜 이렇게 차이가 벌어진 걸까?

왠지 세상을 잘못 산 것 같은 후회가 밀려왔다. 그때부터 부랴부랴 재테크에 관심을 갖고 노력하기 시작했다. 남들보다 뒤처진 재테크를 최대한 빨리 만회하겠다고, 남편과 함께 비장한 각오도 다졌다.

그러나 마흔 줄에서의 재테크는 때늦은 감이 많았다. 자녀교육비와 주택대출이자가 만만치 않게 들어가는데다, 그동안 생활 규모가 어느 정도 커진 탓에 아무리 애를 써도 쉽게 돈이 모이지 않았다. 소득보다 소비가 앞서는 상황이니, 재테크하고는 오히려 더 멀어지기만 했다. '30대에 재테크 마인드가 있었다면 지금보다 자산이 두 배 이상은 많을 텐데' 하는 억울한 마음만 가득했다.

나처럼 괴로운 40대를 맞이하지 않으려면, 부부가 같이 벌고 아이가 아직 어려서 뭉칫돈이 들어가지 않을 때, 바로 20~30대에 기본적인 재테크 토대를 다져놔야 한다.

주변을 한번 둘러보라. 지금은 재테크 환경이 전혀 호의적이지 않다. 저금리는 우리에게 많은 변화를 강요하고 있다. 좋든 싫든 달라져야 한다. 은행 적금만으로 돈을 모으기란 이제 말 그대로 '미션 임파서블'이다. 적금 들어 차곡차곡 돈을 부어봤자 옛날처럼 큰돈으로 불리기는 쉽지 않다. 요즘 1년 만기 은행 적금을 들어봤자 금리는 연 3%대다. 시중은행보다 좀더 높은 금리를 준다는 저축은행도 연 5%대가 고작이다. 편하게 돈을 벌 수 있는 호시절은, 아쉽지만 영영 굿바이다.

그래도 나는 늦게나마 헐레벌떡 막차를 타고 경제관념에 눈뜨게 된 것을 감사히 여기며 가슴을 쓸어내린다. 만약 은퇴를 목전에 둔 시점에서 잘못을 깨달았다면 어찌 되었을까? 생각만 해도 눈앞이 깜깜해진다. 지금 20~30대를 화려하게 즐기면서 만인의 호구로 살 것인지, 아니면 기나긴 앞날을 기약하면서 지금 참고 절제할 것인지. 선택은 어디까지나 각자의 몫이다.

01

경제에 대처하는 우리의 자세

지름신과의 전쟁
골드미스

자유롭다. 원하는 건 모두 살 수 있을 만큼 돈은 넉넉하다. 아이 교육비나 주택대출이자 때문에 허리띠를 졸라맬 필요도 없다. 남자에게 의지하지 않으면서 자기계발에도 돈을 아끼지 않는다. 탄탄한 직장과 경제력을 바탕으로 독신의 자유를 마음껏 즐긴다.

골드미스Gold Miss라고 불리는 30대 미혼여성의 삶은 이렇게 여유만만이다. 골드미스는 예전 같으면 시집 안 간 노처녀로 불렸을 테지만, 마케팅 회사들이 재력을 뜻하는 '골드'와 미혼을 뜻하는 '미스'를 합쳐 '골드미스'라 칭하면서 우리 사회의 소비 주도 계층으로 급부상했다. 얼마 전까지만 해도 낯선 신조어였지만, 이제는 일반 명사처럼 쓰인다. 겉으로 보이는 골드미스의 모습과 생활은 정말 근사하고 멋지다. 그런데 과연 그들의 실상도 황금빛 일색일까?

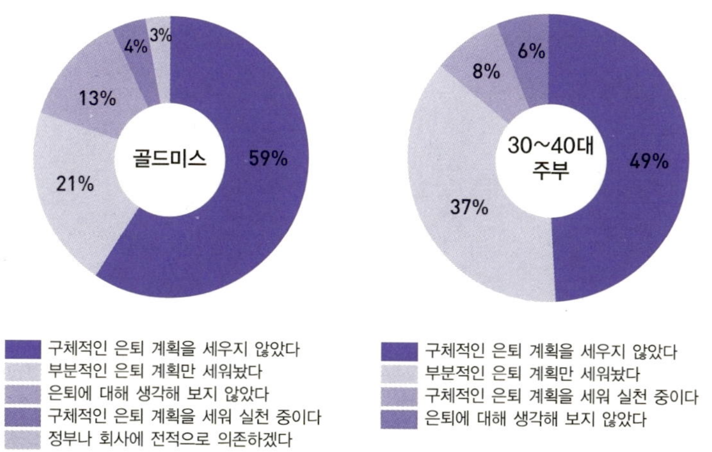

우리나라 골드미스와 30~40대 주부의 은퇴 준비

전문가들은 골드미스들의 미래가 겉모습만큼 그렇게 화려하지 않다고 지적한다. 상당수 골드미스들이 '현재'에 대한 투자가 지나쳐서 은퇴 후 자칫 푸어미스Poor Miss 신세로 전락할 처지에 놓여 있다는 것이다.(물론 일부 골드미스들은 미래를 위한 준비도 철저히 하고 있지만 말이다.)

통 큰 씀씀이, 소비의 여왕

2009년 봄, 한 외국계 생명보험사가 한국의 30~40대 골드미스 102명을 대상으로 은퇴 관련 조사를 펼쳤다. 이 자료에 따르면, 골드미스 중 은퇴에 대비해 계획을 세우고 준비하고 있는 여성은 4명 중 1명에 불과했다.

반면 전업주부는 달랐다. 놀랍게도 응답자 100명 중 45%가 남편의 은퇴 후를 미리 준비하고 있다고 답했다.

골드미스가 전업주부에 비해 미래에 대한 준비를 소홀히 하는 이유는 무엇일까?

전문가들은 골드미스들이 미래에 대한 자신감으로 비계획적인 소비를 하는 경향이 강하다고 꼬집는다. 가정을 꾸리고 있는 주부들과 비교하면 장기적인 재무 계획도 세우지 않고, 본인의 라이프스타일을 즐기기 위해 소비 통제도 좀처럼 하지 않는다는 것이다.

한 정신과 전문의는 골드미스가 특히 소비성 지출을 많이 하는 까닭에 대해, 자신에게 결여된 것을 메우려는 무의식적 시도라고 풀이했다. 안정된 가정을 꾸리지 못한 데서 오는 외로움이나, 결혼과 출산 등 구체적인 변곡점이 없어서 생기는 정체감 등을 해소하려는 무의식적 행동이라는 설명이다.

현실에 대한 치열한 인식이 부족하다는 것도 골드미스에겐 약점이다. 가령 사교육비와 생필품 가격이 급등해 살기 힘들어졌다는 주부의 불평이 골드미스에게는 그리 와닿지 않는다. 자녀 학원비와 장바구니 물가가 골드미스에게는 모두 '해당 사항 없음'이니까. 아무래도 결혼을 해야 좀더 현실적인 문제에 눈을 뜨고 미래를 위한 준비의 필요성도 깨닫게 된다.

통장보다 옷장 관리가 좋다

골드미스의 첫 번째 자격 조건은 '탄탄한 직장과 경제력'이지만 사실 이것을 유지하는 것도 말처럼 쉽지는 않다. 요즘 같은 조기퇴직, 무한경쟁 시대에 월급쟁이는 파리 목숨이다. 평생 안전한 직장은 거의 없다고 봐야 한다. 치열한 경쟁을 뚫고 계속해서 승진하려면 정시 출퇴근은 꿈도 꾸기 어렵다.

무엇보다 재테크에 있어 골드미스의 최대 적은 불필요한 소비다. 예컨대 시집가라는 잔소리가 듣기 싫어서 집을 나와 독립하게 되면 오피스텔 월세나 주택 대출이자로 매달 100만 원 이상 쓰게 된다. 한 번 높아진 생활 수준은 다시 낮추기가 어렵기 때문에 불의의 사태라도 발생하면 경제적으로 어려워질 가능성이 높다.

설상가상 먼저 결혼해 가정을 꾸린 친구들은 묘한 정당성을 부여하며 골드미스에게 과소비를 은근히 채근한다. 결혼해서 아이 낳고 나면 아무리 맞벌이를 해도 자기를 위해서는 돈을 제대로 쓰기가 쉽지 않으니까, 아무런 장애물이 없는 미혼 시절에 통 크게 돈을 쓰라고 부추긴다.

결국 이런 소비들이 제대로 된 노후 준비를 발목 잡는 원인이 되고 만다. 재테크든 커리어든 평소 철저하게 관리하지 않으면 골드미스에서 푸어미스로 밀려나는 건 순식간이다. 세상은 그리 만만하지 않다.

골드미스로 5060 가려면

골드미스, 더 나아가 플래티늄미스Platinum Miss라고 인정받는 당신에게 선배 언니가 해주는 충고 한마디.

"골드미스는 자산관리도 명품으로 해야지, 안 그러면 불행한 50대를 맞이하게 됩니다. 기혼여성과 달리, 배우자나 자식 등 기댈 존재가 전혀 없잖아요. 게다가 고용 상황을 고려한다면 직장에서 조기퇴직할 가능성이 남성보다 높죠.

안정적인 현금 흐름을 기대하기도 어려워요. 향후 50세 창업을 염두에 둔다면, 35세 기준으로 매달 35만 원 이상 저축해 나가야 합니다. 그래야 창업 자금 1억 3,000만 원이 모입니다. 당당한 골드미스가 되려면 현재의 소비 여력을 미래를 위한 준비로 바꿔나가야 한다는 점, 명심하세요." (이재경 • 삼성증권 투자컨설팅파트장)

통장의 재구성
신혼부부

세상에서 가장 아름다운 인수합병M&A은 뭘까? 아마도 젊은 남녀의 결혼이 아닐까 한다. 결혼을 앞둔 남녀는 미지의 세계에 대한 동경과 단꿈에 젖어 시간을 보낸다. 복잡한 현실 따위는 몽땅 잊고 싶어 한다.

하지만 그렇게 아름다운 꿈을 꾸는 와중에도 현실의 시계는 째깍째깍 돌아간다는 점을 명심해야 한다. 꿈만 같던 신혼여행에서 돌아오면, 바로 현실과 직면해야 한다. 집도 사야 하고, 아이가 생기면 교육비도 준비해야 하고, 부부의 노후도 대비해야 한다. 신혼 기분에 들떠서 계획 없이 생활하다 보면 2세가 태어날 때쯤 후회하기 십상이다.

'시작이 반'이란 말이 있듯, 신혼은 결혼생활의 성패를 좌지우지한다. 재테크를 좀 잘했다 싶은 결혼 선배들은 이구동성으로 "신혼

초기 재테크 전략을 어떻게 세우느냐에 따라 10년 후 부자 부모가 될지 가난한 부모가 될지 결판이 난다"고 조언한다.

신혼은 종자돈을 마련할 수 있는 최적의 타이밍이다. 일단 아이가 없고 맞벌이도 가능하기 때문에 마음만 먹으면 소득의 상당 부분을 모을 수 있다.

'스노볼 효과Snowball Effect(눈덩이가 구르면서 더 커지는 효과)'를 떠올려보자. 종자돈은 시간이 흐르면 흐를수록 복리 효과가 더해져 점점 더 크게 불어난다. 단기간 수익률에 집착하지 말고, 시간의 힘을 믿고 돈을 맡겨 둔다면 상당한 금액을 모을 수 있다.

신혼은 짧고 인생은 길다

신혼부부가 명심해야 할 1단계 재테크 법칙은 혼수에 집착하지 말라는 것이다. 혼수에 집착하면 정말 말 그대로 혼수상태에 빠질 수 있다.

나 역시 결혼할 당시에는 경제관념이 그리 투철하지 못했던 탓에 모처럼 강림해 주신 지름신의 지시를 많이 따랐다. 물론 지금은 '신부인 내가 조금만 양보했다면 충분히 아낄 수 있었는데'라면서 뼈저리게 후회한다.

먼저 웨딩앨범을 제작하려면 통상 100만 원 이상 써야 한다. 그런데 웨딩앨범이란 게 사실 기분 한번 크게 내는 차원일 뿐 실생활에서는 활용도가 거의 없다. 나도 유명 스튜디오에서 거금을 들여 사진을 찍었는데 결혼하고 나선 세 번도 채 안 본 것 같다. 행복하게 잘

사는 부부일수록 웨딩앨범은 보지 않는다는 우스갯소리도 있다지만, 그래도 속은 쓰리다.

결혼예물 같은 것도 격식을 갖춰 화려하게 하기보다는 심플하게 하는 것이 좋다. 이런 데 쓸 돈이 있으면 차라리 주택 마련 자금으로 활용하는 것이 어떨까. 값비싼 예물을 사느니 집 사는 데 보태겠다고 조곤조곤 말하는 며느리에게 발끈하실 시부모님은 아마 안 계실 것이다.

2단계로 필요한 작업은 각자 통장을 꺼내는 것이다.(그렇다고 처녀 시절에 모아둔 소중한 비자금 통장까지 전부 까발리는 오류를 범해서는 안 된다. 비자금 통장에 대해서는 뒤에서 자세히 설명하겠다.) 취업 후부터 결혼 전까지 각자 재테크를 해왔다면 부부가 중복 가입 중인 금융상품이 상당수 있을 것이다. 가령 내 집 마련을 위해 가입하는 주택마련저축상품의 경우, 결혼 전에는 각자 소득공제 혜택을 받았겠지만, 결혼하고 나선 둘 중 한 명만 소득공제를 받을 수 있으니 반쪽짜리 상품으로 전락하게 된다. 이런 경우 부부 중 한 명은 다른 대안 상품을 찾는 것이 바람직하다.

깨소금 부부가 큰돈 모으는 까닭

부부가 서로 다른 은행을 한다면 주거래은행을 하나로 합치는 작업도 필요하다. 요즘 은행들은 가족 단위의 거래내역도 모두 고객 등급에 반영하고 있다. 주거래은행을 통하면 가계의 수입과 지출을 계좌 하나로 집중해 관리할 수 있을 뿐만 아니라 각종 금리 우대 혜택도 챙길 수 있다.

신세대 맞벌이부부들은 각자 통장을 별도로 관리하면서 생활비만 일정 비율로 나눠 부담하기도 한다. 하지만 그렇게 되면 씀씀이가 헤퍼지고 관리하는 데도 추가적인 시간과 노력이 들 수 있어 재테크 측면에서는 바람직하지 않다. 부부 중에서 이재에 밝은 쪽이 도맡아 관리하는 것이 유리하다.

카드 빚, 은행 대출 등 연애할 때에는 말하기 힘들었던 비밀들도 결혼 후에는 용기를 내어 배우자에게 모두 솔직하게 알려야 한다. 몰래 숨기고 있다 들통 나면 부부간 불화로까지 이어질 수 있다. 월급 명세서, 한 달 생활비, 신용카드 사용 내역까지 공유하면 최선이다.

부부 사이가 원만하지 않으면 돈은 어떤 식으로든 새 나가게 돼 있다. 평소 시장에서 콩나물값, 두부값을 깎고 예금 금리 0.1% 포인트라도 더 챙기려고 발버둥 쳐도 부부싸움 한 번에 이런 수고가 전부 물거품이 돼버릴 수 있다. 상대방에게 화풀이한답시고, 남편은 대낮부터 술을 마시고 아내는 백화점에서 쇼핑에 몰두해 버린다고 생각해 보라. 그동안 아등바등 발버둥 치며 모았던 여윳돈은 한 방에 사라져 버린다.

남편의 꿍꿍이는 금禁하노라

이웃나라 일본에선 '토일土日 재테크'란 말이 유행이라고 한다. 맞벌이든 외벌이든, 부부가 함께할 수 있는 시간인 주말에 가계부도 살펴보고 자산도 점검해 본다는 뜻이다. 자산을 불리려면 부부가 함께 노력해야지 어느 한 쪽만 노력해선 '재테크 성공'이란 단어를 꿰차기 어렵다.

부부가 과거 통장들을 서로 공유했다면 이젠 저축을 얼마나 할지 정해야 한다. 신혼 때는 특별히 들어가는 돈이 딱히 없는 만큼 월급의 절반 이상은 저축한다는 자세로 생활해야 한다. 몇 년 안에 얼마짜리 집을 살지, 그러기 위해서는 매년 얼마를 모아야 하는지, 구체적인 목표도 세워두자.

자금이 넉넉하지 않으면서 대출을 끼고 무리하게 내 집 마련에 나서는 것은 곤란하다. 집은 철저히 본인의 자금 여력과 상환 능력에 맞춰 장만해야 한다. 생각하기에 따라 다르긴 하겠지만, 집을 마련하는 데 드는 비용은 깔고 앉는 돈이다. 전세나 내 집 마련에 많은 돈을 무리하여 쏟아 부으면 재테크를 할 여유가 없어질 뿐 아니라, 생활도 쪼들리게 된다. 적은 돈으로 큰 집을 장만하려 어설프게 덤비기보다는, 보금자리주택 등 정부의 서민 관련 주택공급제도를 적극적으로 활용해서 똘똘한 집 한 채를 마련하자.

남는 게 없는 장사
맞벌이부부

맞벌이부부 400만 쌍 시대. 예전처럼 결혼하고 나면 살림만 하겠다며 직장을 그만두기보다는 결혼 후에도 계속해서 직장을 다니는 여성이 늘고 있다. 맞벌이 여성에게 일을 하는 이유를 물어보면, 대답은 크게 두 갈래로 나뉜다. 바로 자아실현형과 생계형이 그것.

생계형 맞벌이 여성은 남편의 월급이 적어서, 혹은 은행 대출금을 갚아야 해서, 부양가족이 많아서 등의 이유로 부부가 함께 벌어야 그나마 돈을 모을 수 있다고 말한다.(자아실현을 위해 일하는 맞벌이 여성은 돈으로 점수를 매길 수 없는 고차원 가치를 추구하는 것이니까 여기에선 논외로 치자.)

하지만 두 배로 번다고 해서 두 배로 모으는 건 절대 아니다. 맞벌이부부들은 "아이까지 남의 손에 맡겨가면서 부부가 함께 열심히 일하는데도 항상 돈 걱정에 시달린다"고 하소연한다.

돈으로 대신하고픈 가족 사랑

도대체 맞벌이 가정의 재정난은 어디에서 출발하는 것일까?

맞벌이부부는 외벌이 가정보다 벌어들이는 소득이 분명 많다. 그러나 이렇게 현금 흐름이 '지나치게' 원활하다 보니 돈을 쓸 때 절박감이 떨어진다는 것이 치명적인 단점으로 작용한다. 본인도 모르게 씀씀이가 헤퍼지는 것이다. 긴장감 없이 여유롭게 지출하다 보니, 많이 벌고도 쪼들리게 사는 결과를 낳는다.

외벌이 가장은 직장에서 쫓겨나게 되면 처자식을 먹여 살릴 수 없다는 생각 때문에 치열하게 고민한다. 최악의 위기 상황에 대비해 늘 긴장한 채 생활하면서 차곡차곡 저축해 나간다. 하지만 맞벌이부부는 어느 한 쪽이 직장을 잃어도 다른 쪽에서 충분히 커버해 줄 것이라고 안심하며 느슨한 생활을 유지한다. 특히 고소득 전문직 여성을 아내로 둔 남편은 가정경제를 이끌어야 한다는 책임감이 외벌이 가장에 비해 덜한 편이다. 유명한 '맞벌이의 함정'이란 용어도 이런 이유에서 나온 것이다.

자녀와 관련된 비용 역시 고정지출을 늘리는 요소다. 가족에게든 보모에게든 아이를 맡기면 양육비로 매달 수십만 원에서 수백만 원을 써야 한다. 맞벌이 엄마는 특히 아이를 남에게 맡긴다는 죄책감 때문에 아이가 사달라는 장난감은 다 사주고 싶다는 유혹에 시달리고, 결국 지갑을 열고 만다.

잡다한 비정기 지출(경조사비, 명절 선물 구입비 등)이 많은 것도 맞벌이 가정의 재정난을 부채질한다. 가족 모임을 해도 "돈을 두 배로 버

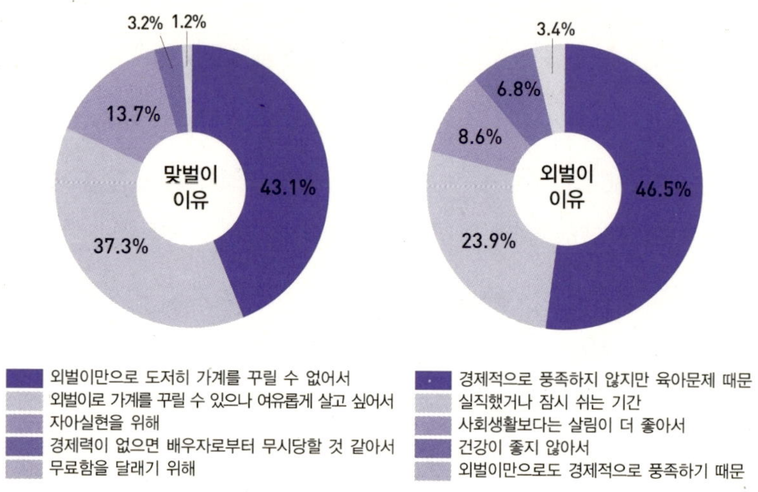

니까 음식값은 너희가 내라"는 식으로 각종 지출을 요구당하는 경우가 많다. 구조적으로 씀씀이가 계속해서 늘어날 수밖에 없는 것이다.

벌이 많지만 구멍도 숭숭

물론 지출이 계속 늘어나더라도 맞벌이 상태가 유지되어 소득 또한 부쩍부쩍 늘어나 준다면 크게 걱정할 필요가 없다. 그런데 만약 어느 한 쪽이 실직해서 소득에 변동이 생겨버리면 문제가 불거진다. 맞벌이할 당시의 소득을 근거로 은행 빚도 얻고, 아이 학원도 보내고, 카드도 긁어왔기 때문에 소득이 절반으로 줄어도 지금까지의 고정적인 소비를 통제하기가 쉽지 않다. 소비는 하방 경직성을 갖기 때문에 한 번 크게 늘어난 걸 줄이기는 어렵다. 소비 규모를 줄이는 것이 세상에서 가장 고통스럽다는 말도 있지 않은가. 최악의 경우 고정적으로 나가던 씀씀이를 유지하기 위해 은행 빚을 끌어다 쓰는 악수惡手까지 두게 된다. 이런 현상이 반복되면 가계부 적자라는 악순환을 초래해 최악의 경우 개인 파산으로까지 이어질 수도 있다.

맞벌이 가정은 실직 등 온갖 위기 상황에 취약한 만큼, 맞벌이를 할 때 미리 미래의 위험을 따져보고 차근차근 대비해야 한다. 부부 중 한 사람의 소득은 무조건 강제 저축한다는 생각을 하는 것도 방법이다. 부부가 각자 월급을 따로 관리하면서 비자금을 만드는 경우가 많은데 자칫 가계 재무상황을 더 큰 위험에 빠뜨릴 수 있으니 조심해야 한다.

늦었다면 전략적으로
만혼부부

요즘엔 나이 서른을 훌쩍 넘어 결혼하는 여성이 정말 많다. 심지어 어머니조차 일찍 결혼하지 말고 독신생활을 실컷 즐기다 천천히 결혼하라고 딸에게 권할 정도니 말이다. 무엇보다 미혼여성 스스로 늦게 결혼하는 것을 별로 개의치 않는다.

최근 우리나라 가정에서 일어나는 눈에 띄는 변화 중 하나가 바로 만혼晩婚(초혼 연령이 높아지는 것) 현상이다.

결혼 시계는 대학에 입학하는 순간부터 어긋나기 시작한다. 대학생 시절에는 어학연수나 인턴 경험 등으로 1년 이상 휴학하는 일이 다반사다. 대학을 5학년에 마치고 직장을 바로 구하면 그나마 운이 좋은 편이다. 대학을 졸업하고 나서도 취업하지 못하니 사회 진출 시기는 계속해서 늦어진다. 간신히 직장을 구해도 주택 마련 등 걸림돌이 많다 보니 결혼은 자꾸 우선순위에서 밀린다.

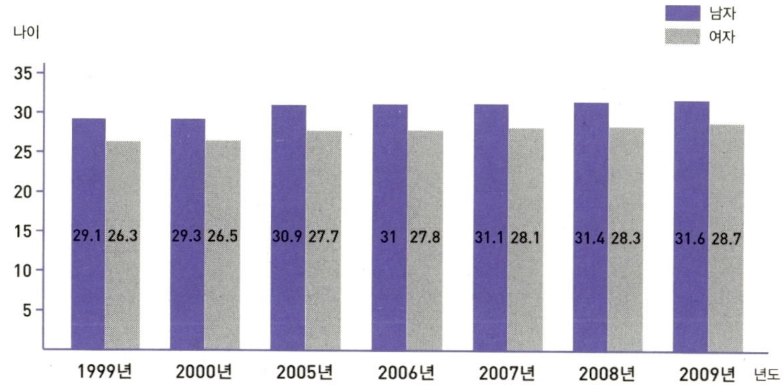

우리나라 젊은 남녀의 초혼 연령은 해마다 조금씩 높아지고 있다. 2009년 기준 여성의 초혼 연령은 평균 28.7세로, 10년 전인 지난 1999년(26.3세)보다 두 살 이상 많아졌다. 그리고 결혼 후 1년은 지나야 아기를 갖겠다고 생각하는 게 보통이니까, 엄마 나이가 서른한 살은 되어야 첫아기를 낳는다.(2009년 기준 한국 여성들의 평균 출산 연령은 31세다.) 남성의 초혼 연령은 31.6세로 여자보다 세 살 위인데, 역시 10년 전인 1999년(29.1세)보다 크게 높아졌다.

만혼과 만산, 재테크엔 되레 마이너스

일반적으로 보통 사람들은 '결혼과 출산→자녀 양육→주택 마련→교육비 지출→노후 준비'의 순서로 진행되는 비슷한 인생 여정을 경험한다. 그런데 인생 흐름 단계에서 결혼과 출산이라는 첫 단추를 늦게 꿰면, 가정경제가 짊어져야 하는 부담이 그만큼 더 무거워진다. 한번 곰곰이 생각해 보자.

결혼과 출산이 빠르고 정년퇴직이 보장되던 IMF 외환위기 이전에는 교육·주택·노후로 대표되는 인생 3대★ 자금을 준비할 수 있는 기간이 25년은 족히 넘었다. 설혹 가장이 정년 전에 퇴직하더라도 고금리였기 때문에 월급 받아서 저축만 꼬박꼬박 해왔으면 집도 사고 아이 교육도 시키고 노후 준비까지 다 할 수 있었다.

그런데 지금은 상황이 180도 달라졌다. 결혼과 출산 시기는 계속해서 뒤로 밀리는데 퇴직 시기는 점점 빨라진다. 만약 엄마 35세, 아빠 40세 무렵 첫아이가 태어났고 아빠가 55세에 은퇴한다고 가정해 보자. 아이를 낳고 나서 아빠가 직장생활을 지속할 수 있는 기간은 15년밖에 되지 않는다. 인생 3대 자금을 준비할 수 있는 시간이 이전 세대와 비교하면 최대 10년은 짧아진 셈이다. 만혼세대는 15~20년 내에 내 집 마련과 자녀교육, 그리고 노후 준비까지 한꺼번에 해결해야 한다.

나 역시 대학 동창들과 비교하면 상당히 결혼을 늦게 한 편이다. 만혼 가정인 셈이다. 아이가 대학에 입학할 시점에 가계소득이 줄어들 가능성이 높아 어떻게 대처하면 좋을지 남편과 머리를 맞대고 고민하기도 한다.(남편은 워낙 느긋한 성격이라 크게 걱정하는 것 같진 않다.)

나는 결혼하고 나서야 친구들이 나보다 훨씬 앞선 지점에서 달리고 있다는 사실을 알게 됐다. 친구들 역시 나와 비슷하게 살겠거니 지레 짐작만 하고 있었다. 결혼 전에는 전혀 알고 싶지 않았고, 알려고 하지도 않았던 냉혹한 현실이다. 일찍 결혼한 친구들의 자산 축적 규모는, 늦게 결혼한 내가 단시간에 따라잡을 수 있는 수준이 아니었다. 물론 지난 10여 년간 부동산이든 주식이든 거의 모든 자산 가치가 크게 뛰었고, 이 때문에 일찍 결혼한 그녀들의 자산 축적에 뜻밖의 행운이 따라주긴 했다. 그래도 어쩌겠는가. 재테크의 세계에서는 운運도 결국 실력이거늘.

늙은 엄마 아빠를 부탁해

결혼을 늦게 하고 아이를 늦게 낳더라도 급여가 계속 늘어나고 자산이 증가해 주면 아무 문제가 없다. 하지만 이런 건 급여 생활자에겐 희망사항일 뿐이다.

만혼부부는 결혼 후에 바로 인생 시간표부터 짜야 한다. 소득이 줄어들 시기를 예측한 뒤 그때 쓸 수 있는 비상 통장을 만들어둬야 한다는 얘기다. 예컨대 자녀교육비 통장을 사교육비 통장과 대학 학비 등을 위한 미래 교육비 통장으로 이원화하는 것이다. 미래 교육비 통장은 어떤 일이 있어도 건드리지 않겠다는 철옹성 전략도 좋다.

남들보다 준비 기간이 짧다는 생각에 성급한 결정을 내리는 잘못도 피해야 한다. 간혹 시간이 촉박하니까 잘 알지도 못하면서 고위험 고수익 상품에 투자하는 경우가 더러 있다. 하지만 내 몸에 어울리지 않는 투자에 나섰다가는 낭패 보는 경우가 더 많다.

가계부 대변신 90일 프로젝트

한술 밥에 배부를 수 없듯, 돈을 모으려면 지속적인 노력은 필수다. 호지부지한 사고에서 벗어나 독한 마음부터 먹어야 한다. 재테크의 세계에서 '어떻게든 되겠지'란 생각은 공공의 적이다.

큰맘 먹고 딱 한 달만 가계부를 정리해 보자. 한 달간 가계부를 쓴 다음 결산을 해보자. 아마 대부분은 충격을 받을 것이다. '내가 이렇게 돈을 많이 썼었나?' 하고 말이다. 크게 쓴 돈은 없는데 모아놓고 보니 정말 돈을 많이 썼다는 한탄이 절로 나오게 된다. 돈은 미꾸라지와 같아서 손아귀 힘을 약간만 빼도 빠져나간다.

어떻게 해야 적자 가계부를 흑자 가계부로 변신시킬 수 있을까?

해법은 간단하다. 고정 지출을 줄여야 한다. 전직이나 부업, 승진 등으로 수입을 늘리는 방법도 있긴 하지만, 말처럼 쉽지 않다. 차라리 지출을 줄이는 것이 백 배 천 배 쉽다. 먹을 것 덜 먹고, 입을 것 덜 입고, 살 것 덜 사면 된다. 남들과 씀씀이가 똑같으면 안 된다. 이것도 모르고 돈을 벌려고 한다면, 기역과 니은도 모르면서 한글 안다고 큰소리치는 꼴이다.

자, 다음은 우리들이 아무 생각 없이 옆구리에 달고 다니는 군살들이다. 이런 것들부터 먼저 과감하게 걷어내는 노력을 해보자.

항목	체크해 보세요
고가 레스토랑에서의 식사비	
무턱대고 가입한 거액의 생명보험료	
커피, 술, 담배 등 기호식품 지출비	
안 가도 그만인 모임에 내는 회식비와 심야 택시비	
현금지급기(ATM) 수수료	
폼생폼사로 구입한 자동차 할부금과 기름값	
무의미한 수다 떨기용 휴대전화비	

'가계부의 달인' 장진희 주부에게 듣는 가계부 쓰기의 노하우

장진희 주부는 '가계부의 달인'으로 통한다. 가계부만 잘 써도 새는 돈 막으면서 가정경제에 보탬이 된다는 그녀에게서 한 수 배워보자.

"가계부를 쓰다가 중간에 포기하게 되는 가장 큰 이유가 아마 매일 써야 한다는 압박감 때문일 겁니다. 가계부에 그냥 숫자만 나열할 뿐이어서 가정경제에 별 영향이 없다면서 내팽개치는 분들도 있죠.

하지만 가계부는 구차하게 돈을 따지면서 기록하는 단순한 공책이 아닙니다. 나와 내 가족의 미래를 멀리 내다보고 돈을 통제하고 관리하는 공장입니다. 처음부터 가계부를 완벽하게 쓰려고 하지는 마세요. 꾸준히 쓰는 작업이 훨씬 중요해요. 물건을 사고 나면 영수증이나 현금영수증은 꼭 받아두세요. 가계부 쓰기를 며칠 빼먹었어도 나중에 다시 기록할 수 있으니까요. 그리고 '두부 얼마, 파 얼마, 지하철 얼마, 택시비 얼마' 이렇게 자세히 쓰지 말고 그냥 '식비, 교통비' 등으로 크게 구분해서 써도 좋아요.

가계부를 쓰는 일이 재미있어지려면, 예산을 먼저 세우고 평가하는 시간도 꼭 가지세요. 이런 과정들이 자꾸 반복되다 보면 조금씩 과소비가 줄고 저축이 늘어서 가계부 쓰는 재미가 더해질 겁니다."

두근두근 스타트! 실전 워크시트

가계부 쓰기로 멋지게 변신해 보려는 당신을 위해 90일간의 가계부 대변신 프로젝트 워크시트를 함께 소개한다. 당신의 월급날이 D-day다. 맞벌이라서 부부의 월급날이 다른 경우에는 가계부에서 더 큰 비중을 차지하는 사람의 월급날을 기준으로 삼으면 된다. 단, 표에 제시돼 있는 행동 요령들은 어디까지나 샘플에 불과하며, 개인별 상황에 따라 충분히 달라질 수 있음을 밝혀둔다.

가계부 쓰기 90일 프로젝트

구분		행동 요령	체크해 보세요
스타트! 1개월	1~10일	가계부 작성, 본격적으로 시작 저축 금액과 저축 목표 설정	
	11~20일	월 1회는 취미생활 즐기기 돈 새는 구멍 찾아보기	
	21~30일	충동구매 자제 사고 싶어도 꾹 참기 결과 보고 및 자아 반성	
스텝업! 2개월	1~10일	해야 할 일 리스트 작성 월 2회 신나게 놀기 머니 멘토(조력자) 찾기	
	11~20일	서랍 속 잠자는 통장들 청소 불필요한 지출 찾아보기	
	21~30일	금융회사에 자주 찾아가보기 결과 보고 및 자아 반성	
점프! 3개월	1~10일	타인의 가계부와 비교해 보기 안 쓰는 물건은 과감히 처분	
	11~20일	월 3회 신나게 놀기 사고 싶은 물건 구입	
	21~30일	은행에 가서 통장 정리하기 90일 프로젝트 총정리	

02

금융상품 뽀개기

금융상품 7선에 대한 진실 혹은 거짓

방 빼 설움에서 탈출하라 – **주택청약종합저축**

무이자는 잊어라, 황금손의 탄생 – **CMA**

부지런한 꿀벌은 행복하다 – **정기예금**

열 자식 안 부럽다 – **노후연금**

잔병치레부터 큰병까지 걱정 없다 – **실손의료비 특약**

시장이 혼란할수록 빛난다 – **채권**

과소비의 주범에서 문명의 이기로 – **신용카드**

SPECIAL TIP 남자는 모른다, 여자의 쌈짓돈

금융상품 7선에 대한
진실 혹은 거짓

일반인들을 대상으로 재테크 강연을 한 적이 있다. 강의가 끝난 후, 차분한 인상의 50대 남성 수강생이 내가 서 있는 강단 쪽으로 다가왔다. 그냥 평범한 감사 인사를 예상했는데, 뜻밖에 따끔한 충고가 날아들었다.

"유망 금융상품들을 차근차근 소개해 줘서 고맙습니다. 하지만 단점이나 주의할 점에 대해서는 거의 언급하지 않은 것 같아요. 너무 장밋빛으로만 설명해 준 게 아닌가요?"

나는 얼굴이 화끈 달아올랐다. 요즘 이런 금융상품에 돈이 몰리고 있다는 단순한 현상을 알리는 데 급급한 나머지, 소비자들에게 도움이 될 만한 내용을 강조하는 데는 무심했다는 걸 깨달았기 때문이다. 그다음부터는 재테크 강연이든 신문기사든 항상 장점과 단점을 골고루 알리기 위해 노력한다. 길거리 약장사처럼 금융회사들이 알리고 싶어 하는 내용만 요약하는 게 아니라, 그 속에 숨어 있는 함정까지 모두 파헤쳐 소개하겠다는 일념하에서 말이다.

하지만 장사꾼이 어떻게든 숨기고 싶어 하는 비밀을 들춰내고 이면을 파헤치는 것이 말처럼 쉽지만은 않다. 금융회사들은 고객 돈을 받고 싶은 마음에(혹은 받아야만 하니까) 어떤 상황에서도 유리하다고만 말하기 때문이다. 금융회사 쪽 얘기만 듣다 보면 만병통치약, 팔방미인 금융상품만 존재하는 듯한 착각까지 들 정도다.

그러나 이 세상에 100% 완벽한 금융상품은 절대 없다. 만기 때 연 10%가 넘는 확정 수익을 챙길 수 있으면서 원금은 무슨 일이 있어도 전액 보장되며, 내가 필요하면 언제든 돈을 뺄 수 있는 그런 초강력 완벽 상품이 세상에 과연 있을까? 짐승남(남성성을 강하게 풍기는 근육질 남자)이면서 동시에 초식남(초식동물처럼 순하고 착한 남자)인 남자가 지구상에 존재하지 않는 것과 같은 이치다. 나와 궁합이 척척 맞는 환상적인 상품이라 해도 제3자에게는 최악의 물건일 수 있다.

다多되는 금융상품? 신화는 없다

그렇다고 모든 금융상품을 죄악시하라는 얘기는 아니다. 구더기 무서워서 장 못 담근다면 그게 더 어리석다. 흠결이 약간 있는 상품이라도 미리 취약점을 인지하고 잘 피한다면 전혀 문제될 게 없다.

도처에 내 돈을 유혹하는 손길이 넘쳐나고, 현기증이 날 정도로 수많은 금융상품들이 쏟아지는 요즘, 별 다섯 개짜리 착한 금융상품 7가지를 뽑아봤다. 나도 소비자 입장에서 가입했던 적이 있거나 혹은 가입 중이어서 장단점을 속속들이 잘 아는 상품들이기도 하다.

만약 내가 소개하는 상품 중에 아직 가입하지 않은 상품이 있다 해도 조바심칠 필요는 없다. 늦었다고 생각할 때가 가장 빠를 때니까! 또 책에 나온 상품이라고 덥석 가입하는 오류도 범하지 말기를 바란다. 꼼꼼히 따져보지 않고 뛰어들었다가는 역습당할 가능성이 높다. 상품별 단점까지 모두 소개하니까, 가입 전에 꼭 읽어보고 참고하기를 바란다.

방 빼 설움에서 탈출하라
주택청약종합저축

내 집 마련의 꿈을 키우는 실수요자들이 1순위로 가입해야 하는 상품, 바로 청약통장이다.(장기주택마련저축도 한때 주택 실수요자들이 꼭 가져야 할 목돈 마련용 상품으로 각광받았지만 2010년부터 신규 가입분에 대해서 소득공제 혜택이 사라져 매력이 반감됐다. 단, 2009년 말까지 가입한 사람은 2012년까지 연봉 8,800만 원 이하인 경우에 한해 소득공제 혜택을 받을 수 있다.)

2009년에 처음 나온 청약종합저축은 기존의 청약저축과 청약부금, 청약예금의 기능을 하나로 통합한 일종의 '결합 상품'이다. 예전 청약통장이 갖고 있던 약점들을 보완했다는 게 특징이다.

옛 청약통장들은 무주택 가구주여야 하는 등 상대적으로 조건이 까다로웠다. 반면 청약종합저축은 주택 소유 여부나 연령에 관계없이 1인 1계좌씩 가입할 수 있다. 또 공공·임대·민영 주택의 청약 자격이 몽땅 주어진다. 그래서 '만능萬能 통장'이란 별명까지 붙어 있다.

납입 금액은 매월 2만~50만 원이며 5,000원 단위로 자유롭게 불입액을 바꿀 수 있다. 다만 납입금 총액은 청약예금의 예치금 최대 한도인 1,500만 원을 넘어서는 안 된다. 매월 나눠 내지 않고 한꺼번에 예치할 수도 있다. 청약 1순위 자격을 얻으려면 기존 청약통장처럼 가입 후 2년이 지나야 한다.

청약저축액 40%, 48만 원까지 소득공제

청약종합저축의 또 다른 장점은 연말 소득공제 혜택이다. 무주택 가구주 근로자가 국민주택 규모(전용면적 85m²) 이하 주택에 청약하려고 할 경우 적용된다. 연간 불입 금액의 40%로, 최대 48만 원(납입액 120만 원 한도×40%)까지가 한도다. 소득공제를 받으려면 다른 가

청약통장별 가입 조건 및 특징

구분	청약종합저축	청약저축	청약예금	청약부금
가입 조건	제한 없음	무주택 세대주	20세 이상 성인 (유주택자도 가능)	20세 이상 성인 (유주택자도 가능)
저축 방식	적립식, 예치식	적립식	예치식	적립식
저축 금액	적립식: 월 2만~50만 원 예치식: 300만~1,500만 원(서울 기준)	월 2만~10만 원	200만~1,500만 원	월 5만~50만 원
취급 은행	우리, 신한, 하나, 기업, 농협	우리, 신한, 하나, 기업, 농협	전국 은행	전국 은행
청약 주택	모든 주택	전용면적 85m² 이하 주택	모든 민영주택	전용면적 85m² 이하 주택
주택 규모	최초 청약 시점에 결정	통장 가입 때 결정		
1순위 조건	가입 후 2년			

구원도 모두 집이 없는 무주택자여야 한다. 미성년자나 다주택자, 자영업자 등은 소득공제 대상에서 제외된다.

가족이나 자녀 명의로 많이 가입해 두면 당첨 확률을 올릴 수 있으니 좋다. 다만 미성년자가 가입해도 청약 자격은 20세가 돼야 생긴다. 또 어린이가 오랫동안 가입하고 있어도 가입 기간은 딱 24개월만 인정받는다. 하지만 아직 자녀가 어리다고 해도 제도 자체가 언제 바뀔지 모르니 가급적 가입은 미리 해두는 게 좋겠다.

만능萬能 통장이 무능無能 통장 될라

청약종합저축은 전체적으로 보면 나무랄 데 없는 좋은 상품이다. 예금자 보호를 받지 않는 상품이라서 위험하지 않느냐고 걱정하는 사람들도 간혹 있지만, 고객 예치금을 은행이 아닌 정부가 관리하기 때문에 오히려 더 안전할 수 있다. 정부 주도하에 나온 상품 치고는 금리도 낮은 편이 아니라서 외국인들도 재테크 목적으로 많이 가입한다고 한다.

그러나 청약종합저축의 효용성에 대해 의문을 제기하는 사람들도 적지 않다. 새 청약통장 가입자가 어느새 1,000만 명에 육박했기 때문이다. 가입자 수가 너무 많다 보니, 입지가 좋고 가격 경쟁력이 있는 아파트 단지의 청약 경쟁률은 나중에 산술적으로 수천 대 1까지 치솟을 수 있다. 민간주택 시장에서 청약종합저축 1순위는 희소가치가 떨어져 무의미해질 수 있다는 뜻이다.

미성년자 가입자 수가 많은 것에 대해서도 의견이 분분하다. 현재 만 20세가 안 되는 미성년 가입자가 15~20년쯤 후에 집을 구하려고 할 때 청약통장이 쓸모 있으려면 집이 부족해야만 한다. 하지만 정부의 주택 공급 정책이 효과를 발휘해 주택 부족 현상이 사라지면 어떻게 될까? 굳이 청약통장을 들고 길게 줄을 서야 할 이유가 없을 것이다. 향후 정부의 주택 공급 정책이 실패해야만 정부가 도입한 새 청약통장이 쓸모 있다는 모순이 숨어 있다.

금리 자체는 높은 수준이다. 2년 이상만 가입하면 연 4.5%를 받을 수 있다. 단, 1~2년 미만의 경우는 연 3.5%, 1년 미만은 연 2.5%다. 우리은행, 농협, 기업은행, 신한은행, 하나은행 등 5개 은행에서 판매 중이다.

그런데 기존 청약통장에 가입해 1순위를 확보했다면 굳이 새 통장을 만들 필요가 없다. 새 통장으로 갈아타면, 기존 통장의 가입 기간과 금액을 인정받지 못해 다시 3순위부터 출발해야 하기 때문이다. 물론 기존 청약예금이나 청약부금 가입자 중에서 아직 가입 기간이 2년이 되지 않아 1순위가 되지 않는 사람이라면 여러모로 활용도가 높은 새 청약통장을 만드는 게 낫다.

무이자는 잊어라, 황금손의 탄생

CMA

은행에서 흔히 만드는 자유입출금식 저축예금은 아무리 돈을 많이 넣어놔도 금리가 연 0.1~0.2% 정도다. 쥐꼬리보다도 못하다. 하지만 많은 소비자들이 '울며 겨자 먹기로' 혹은 '잘 몰라서' 하나씩은 다 만들어 이용한다. 직장인들도 월급을 자유저축예금 통장으로 받는 경우가 허다하다. 은행은 엄청 싼 금리로 돈을 조달해서 비싼 이자를 받아가며 굴릴 수 있으니 속으로 웃는다. 뒤집어 말하면 소비자에게는 이만저만 손해가 아니다. 특히 최근 출시되는 수시 입출금 통장들은 월평균 잔액(평잔)이 일정액(30만~50만 원)을 넘기지 않으면 이자가 단 한 푼도 붙지 않는다. 소비자들은 괜히 기가 죽어서 은행 측에 이자를 더 많이 달라고 당당히 요구하지도 못한다.

월급통장 갈아타기는 이 같은 은행들의 소리 없는 '횡포'에 대항하겠다는 직장인이 급증하면서 생겨난 현상이다. 월급통장 갈아타기란, 초저금리 은행권 자유저축예금에서 고금리의 증권사 종합자산관리계좌CMA(Cash Management Account)로 옮겨가는 것을 말한다.

CMA는 고객이 맡긴 돈을 국공채 등 우량 채권에 투자한 후에 수익을 고객에게 돌려주는 상품이다. 자유입출금이나 인터넷뱅킹 같은 편의성은 모두 갖췄다. 그러면서 금리는 은행 월급통장에 비해 최대 30배 가까이 높다. 계좌이체, 신용카드 결제는 물론, 아파트 관리비 같은 공과금까지 납부할 수 있다. 시간이 흐를수록 기능이 진화한 덕에 2010년 1월에는 계좌 수가 1,000만 개를 돌파했다.

통장 혁명 속 은행, 나 떨고 있니?

그런데 일부 샐러리맨들은 월급통장이 인색하다는 것을 잘 알면서도 CMA로 갈아타지 않는다. 이유는 바로 주택담보대출 때문. 대출을 받을 생각이 있다면 은행 월급통장을 유지하는 것이 유리하다. 은행에서 대출 관련 심사를 할 때 가장 중요하게 여기는 요소가 바로 월급통장 거래다. 월급통장을 성실하고 꾸준하게 유지해 온 고객은 각종 대출 관련 혜택(대출이자 0.1~0.2% 포인트 감면 등)을 받을 수 있다.

담보 없이 마이너스통장(개인 신용대출)을 이용할 수 있는 것도 은행 월급통장의 매력이다. 또 은행 월급통장은 원금과 이자를 합쳐 5,000만 원까지 예금자 보호를 받을 수 있다. 반면 CMA는 예금자 보호 대상에서 제외된다.(단, 종금 업무를 겸하는 증권사-동양종합금융증권, 메리츠종금증권 등-가 파는 종금형 CMA는 예금자 보호 대상이다.)

그러나 내 집 마련을 앞두고 있어서 은행과의 관계를 돈독하게 유

구분	상품명	최고 금리(년)	특징	가입 연령
연 3~4%대 고금리 혜택	하나 빅팟 월급통장	3%	50만~200만 원 이하, 가입 후 2개월 이상 급여 이체 필수	만 18~35세
	국민 KB Star*t 통장	4%	평균잔액 100만 원 이하까지 적용, 초과 금액은 연 0.1%	만 18~35세, 만 35세 이상이면 종합통장으로 자동 전환
	IBK기업 급여통장	3.2%	예치금액 50만 원 이하까지	제한 없음
	한국씨티 참 똑똑한 A+통장	3.5%	31일 이상 예치시 적용	
	우리 AMA+YA 통장	4.1%	평균잔액 100만 원까지, 초과하면 연 0.7%	만 30세까지, 이후 일반 통장으로 전환
수수료 면제 혜택	SC제일 두드림통장	3.6%(단, 31일 이상 예치시)	자타행 전자금융 및 ATM 기기 인출 수수료 무제한 면제	제한 없음
	수협 샐러리맨리치통장	0.15%	전월 급여 이체 50만 원 이상이면 자타행 ATM 수수료 면제	제한 없음
	외환 윙고	0.1%	윙고 체크카드 사용 실적 10만 원 이상이면 자타행 ATM 수수료 면제(월 8회)	만 18~30세

지해야 하는 사람이라도 CMA는 하나쯤 만들어 놓는 게 좋다. 월급은 일단 은행 자유입출금 통장으로 받되, 월급날에 돈이 들어오자마자 CMA로 이체하는 것이다.

　나 역시 이렇게 양동작전을 펼쳐 소소하나마 가욋돈(이자)을 벌고 있다. 내 경우엔 주택담보대출을 받기 위해서라기보다 월급을 특정 은행으로만 받아야 해서 월급통장을 CMA로 완전히 갈아타기는 어려운 상황이다. 다소 번거롭기는 하지만 월급날마다 은행 월급통장에서 증권사 CMA로 직접 돈을 쏴주는 작업을 반복하고 있다.

구분	종합자산관리계좌 CMA	머니마켓펀드 MMF	수시입출금식예금 MMDA	단기특정금전신탁 MMT
원금 보장	안 됨(단, 종금형 CMA는 1인당 5,000만 원까지 보장)	안 됨	1인당 5,000만 원까지 보장	안 됨
가입처	증권사	은행과 증권사	은행	은행과 증권사
수시 입출금	기능	가능(회사별로 1~2일 소요될 수 있음)	가능	가능
수익 구조	국공채나 회사채 등에 투자		예대마진 등 은행 운용 수익	은행 간 대출, 발행 어음 등에 투자

전략적인 동거도 때론 고려를

자, 정리해 보자면 월급통장은 은행과 증권사에 양다리를 걸치는 더블작전이 소비자에게 가장 유리하다. 그런데 일부 은행이 CMA에 맞대응하기 위해 금리를 꽉꽉 주겠다며 내놓은 신종 월급통장이 있으니 이것도 눈여겨봐두자. 일정 자격만 되면 높은 이자를 챙길 수 있고, 심지어 CMA와의 이자 격차를 무시해도 좋을 정도인 경우도 있다. 대형 은행이 아닌 중소형 은행들이 고객 유치 차원에서 현금자동입출금기ATM나 인터넷뱅킹 수수료를 파격적으로 깎아주기도 한다. (SC제일은행 '두드림통장', 한국씨티은행 '참 똑똑한 A⁺통장', 기업은행 '핸드폰결제통장' 등)

하지만 신종 월급통장도 예금 규모가 일정 액수를 넘어야 하고, 가입자 나이가 20대여야 하는 등 문턱이 높은 경우가 많기 때문에 잘 살펴봐야 한다. 저축은행이나 신협중앙회 등 2금융권에서 출시한 월급통장도 급여 이체 등 까다로운 조건은 없으면서 금리가 높고 각종 수수료를 면제해 주고 있어 잘만 이용하면 혜택이 쏠쏠하다.

유비무환용 비상금, 물 만나다

CMA 무용론無用論을 외치는 사람들이 간혹 있다. CMA가 과대평가됐다는 것이 이유다. 고금리 혜택을 주기는 하지만, 어차피 통장에 남는 돈이 소액이라서 별 효과가 없다는 주장이다. 사실 월급날 즈음해 카드나 공과금, 펀드 결제일 등이 몰려 있기 때문에 실질적으로 통장에 남아 있는 금액은 얼마 되지 않는다. 그러니 눈이 번쩍 뜨일 만큼 높은 이자를 준다고 해도 딱히 혜택을 받는다고 느끼기는 힘들 수 있다. 일리 있는 주장이다. 허나 단순히 이자 따먹기 용도로 활용하자며 CMA를 소개한 건 아니다. CMA는 예기치 못한 가정경제 위기에 대비하기 위한 '비상 통장'으로 이용될 때 더 빛을 발한다.

"혹시 3년 이내에 돈 쓸 일이 없으세요?"라는 질문을 받았다고 치자. 아마 상당수는 "없다"고 자신 있게 대답할 것이다. 하지만 부모님 회갑이나 칠순 등 경조사를 치르거나, 불의의 교통사고로 자동차 수리비를 내야 하는 등 비정기적인 지출이 발생할 가능성은 언제나 열려 있다. 이런 지출에 대비해 두지 않은 사람들은 뜻밖의 비상 상황이 발생하면 카드 현금서비스나 마이너스통장을 쓸 수밖에 없다. 빚은 소액이라도 빨리 '성장'하기 때문에 순식간에 큰 금액으로 불어난다. 이렇게 되면 '가불假拂 인생'이라는 악성 구조로 변질되기 쉽다.

전문가들은 이구동성으로 최소 1~3개월분의 생활비는 비상 자금으로 마련해 두기를 권한다. 그리고 이런 예비 자금은 CMA 바구니에 넣어두는 것이 가장 유리하다. 상황에 따라서는 머니마켓펀드MMF도 나쁘지 않다. CMA든 MMF든 전체적인 수익률은 엇비슷하다. 하지만 CMA는 계좌이체, 카드 결제 등 여러 가지 부가기능을 갖추고 있기 때문에 MMF보다 편리하다.

부지런한 꿀벌은 행복하다
정기예금

태생적으로 주식이나 펀드는 찜찜해서 가까이 하기 싫고 안전한 곳간만 선호한다면, 은행 정기예금만으로 돈을 굴릴 수밖에 없다. 그런데 이때 이자를 한 푼이라도 더 챙기고 싶다면 일반 은행보다는 저축은행과 신협중앙회 등 2금융권으로 눈을 돌려보는 것이 방법이다.

저축은행은 영세한 곳들이 많아 불안할 수도 있지만, 예금자보호법에 따라 1인당 5,000만 원까지는 정부가 보장해 준다. 역설적이지만 오히려 그래서 '더 안전하다'고 말할 수 있다. 원금과 이자를 포함해서 5,000만 원까지만 보장받을 수 있으니 이자 부분을 고려해 원금은 4,500만~4,700만 원 정도만 맡기는 것이 좋다.

거래하던 저축은행이 문을 닫게 되면 일정 기간 돈을 찾지 못하거나 이자 손해를 보는 등 번거로울 수 있다. 그래서 반드시 거래 전에 해당 저축은행이 탄탄한지 확인해 봐야 한다. 자산 건전성 여부는 저축은행 홈페이지에 들어가서 경영공시를 클릭해 보면 된다. 체크 포인트는 국제결제은행BIS 기준 자기자본비율과 고정이하여신비율 등 두 가지다. 통상 BIS 비율이 8% 이상, 고정이하여신비율이 8% 미만이면 '팔팔(88)클럽'이라고 불리는 우량 저축은행으로 분류한다. 홈페이지 접속이 여의치 않다면 해당 저축은행 직원에게 직접 물어 봐도 된다.

'팔팔' 한 곳 찾으면 안심

88클럽은 저축은행들이 6개월마다 공시하는데(매년 6월과 12월), 올해 88클럽 기준을 달성해서 우량 저축은행 그룹에 속했다 하더라도 이듬해에 제외되는 경우가 종종 생긴다. 저축은행과 거래한다면 돈을 맡길 때마다 88클럽 소속 여부를 확인하는 습관을 갖도록 하자.

신협과 새마을금고 등에서 파는 '조합예탁금'도 숨은 알짜다. 조합예탁금은 정기예금과 동일한 상품인데, 농어촌특별세(1.4%)만 내면 세금 부담은 끝이다. 은행이나 저축은행에서 정기예금에 가입하고 내야 하는 세금(15.4%)과 비교하면 거의 공짜나 다름없는 셈. 세금을 적게 내기 때문에 결국 최종 금리는 1% 포인트 정도 높아지는 효과가 있다. 즉 신협 조합예탁금의 금리가 연 4%라면 최종 수익률은 연 5%짜리 저축은행 정기예금과 엇비슷하다고 판단하면 된다. 다만 조합예탁금은 2010년 기준 1인당 3,000만 원까지만 저율 과세 혜택을 챙길 수 있다. 또 거래를 트려면 5,000~1만 원 안팎의 가입비(출자금)를 내야 하고, 지점 수가 은행만큼 많지 않아서 신규 가입시 약간의 불편이 따를 수 있다.

대형 은행이 아니니까 안전성 여부를 우려할 수도 있는데, 중앙회 차원에서 만든 기금으로 저축은행처럼 1인당 5,000만 원까지는 원리금을 보장해 주니까 걱정하지 않아도 된다. 조합예탁금과 별도로 출자금도 1인당 1,000만 원까지 배당소득에 대한 세금을 한 푼도 내지 않아도 돼 절세 혜택이 푸짐한 편이다. 하지만 해당 조합이 문을 닫으면 원금을 돌려받지 못할 수 있으니 가입시 유의해야 한다.

가족 명의 차명계좌의 후유증

절대적 원칙에도 절대적 예외가 있는 법이다. 저축은행 등 2금융권에 예금하면서 자녀 등 가족 명의로 돈을 쪼개어 분산 가입한다면 유의할 점이 있다. 바로 자금 출처와 인감, 이자 지급 통장 등을 확실하게 구분해 처리해야 한다는 것이다.

가령 A씨가 자신과 중학교에 다니는 딸의 명의로 각 5,000만 원씩, 총 1억 원을 예금했다고 하자. 이때 저축은행이 갑자기 망한다면 A씨는 자신과 딸 명의의 돈 1억 원을 무사히 찾을 수 있을까? 정답은, '못 받을 수도 있다'. 제3자인 누가 보더라도 차명계좌를 통해 돈을 맡겨놓은 것으로 인정되면 예금자 보호를 받을 수 없기 때문이다. 물론 A씨가 딸에게 자금을 증여한 기록이 남아 있다면 문제될게 없다. 하지만 증여한 사실이 없다면 딸의 돈은 A씨의 차명 예금이 되기 때문에 분쟁 소지가 다분해진다. A씨가 혼자 1억 원을 맡긴 것으로 간주되면서 5,000만 원이 넘는 금액에 대해서는 구제받지 못할 수 있다는 뜻이다.

실제로 이 같은 사례가 과거 저축은행이 망했을 때 많이 발생했고, 지금도 소송 중인 사례가 적지 않다. 이자가 높다고 해서 온 가족이 한꺼번에 한 은행에 계좌를 몰아서 만들기보다는 개별 은행마다 따로 계좌를 만드는 것이 안전할 수 있다.

열 자식 안 부럽다
노후연금

연금은 일정 기간만 정성 들여 키워두면 속 안 썩이고 내가 죽을 때까지 평생 용돈을 챙겨줄 효자孝子다. 젊었을 때 어떤 연금을 골라 얼마씩 넣어두느냐에 따라 은퇴 후 고급 실버타운에서 살 수도 있고 겨울에 난방도 안 되는 집에서 벌벌 떠는 신세로 전락할 수도 있다.

그런데 연금은 종류가 무척 다양하고 내용마저 복잡하다. 인터넷에 연금과 관련된 온갖 괴담이 떠도는 것도 이 때문이다. 연금 무릎 팍도사라도 있으면 당장 찾아가고 싶다는 생각이 들 정도다.

우리나라 연금 체계는 '국민연금'이 주춧돌이 되고 '퇴직연금'이 허리가 되며 '개인연금'으로 보완하는 방식이다. 일명 '3층 연금제도'. 우리가 현미경을 대고 꼼꼼하게 들여다봐야 하는 건 바로 '개인연금'이다.

연금이라고 하면 대다수 사람들은 무조건 보험만 떠올린다. 하지만 개인연금은 은행과 증권사에서도 판다. 그만큼 아주 일반화된 상품이라고 말할 수 있겠다. 정부도 개인의 노후 대비 측면에서 개인연금 가입의 필요성을 공감하여 각종 절세 혜택을 주며 가입을 독려하고 있다.

중도해지하면 되로 받으려다 말로 줄 수도

연금은 한 번 선택이 평생을 좌우한다. 아무 생각 없이 가입하면 큰코다치기 십상이다. 절세 혜택(1인당 300만 원까지 소득공제)이 주어지는 연금에 가입했다가 중도에 해지하면 그동안 받은 혜택은 물론 가산세까지 물어내야 하기 때문이다.

먼저 은행 연금신탁부터 살펴보자. 연금신탁은 은행이 고객 돈을 받아 국공채, 금융채 등 우량 채권에 투자하는 상품이다. 원금을 보장받을 수 있고 1인당 5,000만 원까지 예금자 보호도 받는다. 지난 1990년대 처음 출시되었을 때는 배당률이 10%를 넘어서기도 해서 선풍적인 인기를 끌었는데 지금은 많이 시들해졌다. 은행들이 워낙 보수적으로 혹은 무관심하게(?) 운용하다 보니 지금은 배당률이 연 2~4% 정도로 확 쪼그라들었기 때문이다. 은행들 역시 더 이상 주력 상품으로 내세워 팔지 않는다.

증권사에서는 연금펀드에 가입할 수 있다. 연금펀드는 다시 주식형·채권형·혼합형 등 여러 가지 유형으로 나뉜다. 20~30대는 연금펀드를 주식형으로 선택해 고수익을 노려보는 전략이 좋다. 주식시장 상황이 좋다면 꽤 높은 수익률을 낼 수 있다.

구분	소득공제 혜택 있음 (세제 적격)	소득공제 혜택 없음 (세제 비적격)	
	연금저축보험	금리연동형 연금보험	실적배당형 변액 연금보험
소득공제	연 보험료의 100% (1인당 300만 원 한도)	없음	
연금 소득 과세 여부	연금 수령시 5.5%	없음	
중도해지시 과세 여부	해약시 기타 소득세 22% 과세, 5년 이내 해지하면 2.2% 추가 과세	10년 이상 유지시 차익 비과세	
원금 보장	예금자 보호	예금자 보호	연금 개시 시점(만기)에 원금 보장
연금 수령 연령	55세부터	45세부터	
납입 기간	10년 이상	3년 이상	
가입 연령	만 18세 이상	만 15~65세 (보험사나 상품별로 차이가 있음)	

물론 항상 주식형만 고집할 필요는 없다. 연금펀드는 상품별로 약간씩 횟수 제한은 있지만, 펀드 유형을 1년에 여러 차례 자유롭게 갈아탈 수 있다. 향후 주식시장 상황이 불투명해 보이고, 목표 수익률을 초과 달성했다면 채권형이나 혼합형으로 갈아탄 후 돈을 안정적으로 굴려나가면서 재입성 타이밍을 노리는 전략도 나쁘지 않다. 단, 연금펀드는 실적배당형 상품이니까 원금 보장은 받을 수 없다. 은퇴 후 연금을 수령하는 시점에 지난 2008년과 같은 글로벌 금융위기 사태가 벌어진다면 노후 자금 액수가 줄어들어 적잖은 타격을 받을 수도 있다.

보험사(생명보험과 손해보험 공통)에서는 연금저축보험(세제 적격 연금보험)을 판다. 원금은 보장되지만 수익률은 연금펀드만큼 높지 않을 수 있다. 납입 금액의 일부는 사망 등 위험 보장에 투입된다. 또 만기 전에 중도해지하면 원금에 못 미치는 금액을 돌려받고, 해지 가산세까지 내야 한다.

세상에서 가장 허무한 연말정산

보험사는 소득공제 혜택을 주는 연금저축보험 외에 소득공제를 받을 수 없는 연금보험(세제 비적격 연금보험)도 판다. 세제 비적격 연금보험은 생명보험사들만 판매하는데, 소득공제 혜택은 없는 대신 10년 이상 유지하면 세금이 없다. 나중에 종합소득 과세 대상에도 포함되지 않는다. 이런 장점들을 앞세워, 일부 보험사는 일반연금이 연금저축보험보다 유리한 상품이라고 주장하기도 한다. 연금저축보험은 젊을 때 소득공제 혜택을 받지만, 나중에 연금을 수령할 때 소득공제를 받은 금액만큼 연금소득세(5.5%)를 내야 하기 때문이다. 그래서 연금저축보험은 세금을 내는 기간이 뒤로 밀릴 뿐이지, 완전 비과세 상품은 아니라는 의견이다.

이런 주장에는 일리가 있다. 정부가 돌려준 돈을 재투자하지 않고 그냥 흥청망청 다 써버린다면, 정말 말 그대로 '허무한' 연말정산이 되고 만다. 안티anti 연금저축파가 '연금저축은 사기'라고 노골적으로 말하는 것도 이런 이유에서다. 정부가 돌려준 돈을 착실하게 불려나가지 않는다면, 연금저축이야말로 이도저도 아닌 반쪽짜리 상품으로 전락할 수 있다.

그러나 연말정산을 통해 환급받은 돈을 재투자해서 매년 추가 수익을 창출해 나가겠다는 약속만 지킨다면, 연금저축은 직장인이나 자영업자에게 최고의 상품이다. 월급명세서에 세금이 뭉텅이로 베여 나가는 고액 연봉자라면 더욱 그렇다. 소득공제를 300만 원이나 해준다는 건, 정부가 개인에게 주는 특혜나 다름없다.

참고로 노후에 과세되는 연금소득 합계액이 연 600만 원을 넘으면 종합소득세 과세 대상이 된다. 안티 연금저축파의 지적처럼 공무원이나 군인, 교직원 등은 다른 연금 수입이 있기 때문에 지금 당장 챙길 수 있는 소득공제 환급 혜택보다 나중에 더 많은 세금을 부담할 확률이 높다. 따라서 소득공제 혜택이 있는 연금저축보다는 10년 유지시 비과세 혜택이 주어지는 일반연금으로 노후에 대비하는 것이 유리할 수 있다.

변액연금은 10년 이상 길게 봐야

소득공제를 받을 수 없는 생명보험사 연금보험은 크게 금리연동형과 실적배당형으로 나뉜다. 금리연동형은 말 그대로 시중 실세금리에 발맞춰 안정적으로 돈이 불어나는 상품이다. 1인당 5,000만 원까지는 예금자 보호도 받는다. 원금은 보장되니까 든든하지만, 자칫 잘못하면 물가 상승률조차 따라가지 못할 가능성이 높다. 따라서 50대 이상으로 나이가 많거나 혹은 투자 성향이 보수적인 사람들이 선택하는 것이 적당하다.

실적배당형 연금은 변액연금보험이 대표 주자다. 저금리에 만족하지 못하는 사람들이나 20~30대 공격적 성향의 젊은층이 많이 선택한다. 주식이나 채권 등에 투자하기는 하지만 연금이 개시되는 시점에는 원금이 100% 보장된다.(물론 수수료로 매년 적립액의 0.3~1.1%를 내야 한다.) 일반 펀드상품에 비해서는 아무래도 리스크가 낮은 셈이다. 만기(연금 개시 시점) 이전에 해약하면 보험료를 많이 손해 보니 유의해야 한다.

오래 살수록 돈 버는 종신형 연금

마지막으로 살펴봐야 하는 항목은 연금 수령 방식이다. 연금은 처음 가입할 때만큼이나 나중에 연금을 받는 방식도 잘 따져보고 결정해야 한다. 다만 연금 수령 방식은 연금 가입 시점에 한 번 선택하면 끝이 아니라 연금을 받기 전이라면 언제든지 변경 가능하다. 나중에 나이가 들어서 연금을 타기 시작할 때의 자산 상황 등을 고려해 결정하면 된다.

연금을 수령하는 방식은 크게 세 가지로 ① 죽을 때까지 내내 받는 종신형 ② 원금은 그대로 놔두고 이자만 받는 상속형 ③ 10년, 15년 등 기간을 정해 놓고 받는 확정형이 있다.

세 가지 방식 모두 장단점이 있다. 가입자 본인이 건강하게 오래 살 수 있다는 자신감이 있다면 종신형이 가장 유리하다. 말 그대로 살아만 있으면 연금을 계속해서 받을 수 있기 때문이다. 종신형 연금은 생명보험사들만 판매하는데, 일찍 사망하더라도 억울하지 않게 10년, 20년 등 연금 지급 보증기간이 붙어 있다. 즉 가입자가 일찍 사망하더라도 최소 10년, 20년 동안 유가족이 연금을 받을 수 있는 장치가 마련돼 있는 것이다. 다만 연금 지급 보증기간이 길어질수록 월 연금 수령액은 낮아진다.

그런데 종신형 연금은 한 번 연금을 받기 시작하면 중도에 무슨 일이 있어도 해지할 수 없다. 만약 연금을 몽땅 종신형으로 수령한다면, 나중에 큰돈이 급하게 필요할 때 낭패를 볼 수 있다. 따라서 종신형 연금을 이용하려면 적당한 현금 유동성을 확보해 둔 상태인지를 꼭 확인해야 한다.

최근 인기 있는 연금 수령 방식은 20년 보증 부부 종신형인데, 가장이 사망하면 배우자가 계속해서 연금을 받을 수 있다. 상속형은 이자만 받아도 생계를 충분히 유지할 수 있는 고소득층에게 알맞다.

지금까지 시중에서 팔리고 있는 연금상품에 대해 얼추 살펴봤다. 아마 한 번만 죽 눈대중으로 읽어서는 이해가 잘 되지 않을 것이다. 연금은 전문가라고 자처하는 사람들도 헷갈려하는 경우가 태반이니, 다 읽었는데도 잘 모르겠다며 속상해하지 말기를 바란다. 나 역시 연금을 완전정복하기까지 많은 시간과 노력을 들여야 했다.

마지막으로 개인연금의 보너스 혜택인 '계약이전 제도'에 대해 언급해 두고자 한다. 계약이전이란, 개인연금 가입 기관을 바꾸는 것을 말한다. 휴대전화를 A통신사에서 B통신사로 갈아타듯 개인연금도 A은행에서 B보험사로, C보험사에서 D증권사로 자유롭게 옮길 수 있다. 수익률이 저조하다거나 혹은 서비스가 부실하다고 느껴질 때 이용할 수 있는 소비자의 권리다.

다른 금융회사 상품으로 갈아타도 소득공제 혜택은 그대로 유지된다. 단, 상품별로 계약 이전과 관련해 수수료를 내거나 혹은 원금 손실을 볼 수도 있으니, 이용하기 전에 여타 조건들을 꼭 살펴보도록 하자.

1,200만 원을 날리고 얻은 교훈

　연금보험은 정말 심사숙고해서 골라야 하는 상품이다. 그런데도 큰 고민 없이 가입하는 사람들이 참 많다. 오래간만에 만난 중학교 동창의 가슴 아픈 이야기. 그녀는 평생 혼자 살지 모른다며 노후 준비 비용으로 월 200만 원을 연금보험에 넣고 있었다. 너무 과도한 금액이 아니냐고 물었는데, 아직 미혼이라서 그런지 그럭저럭 견딜 만하다고 했다.

　하지만 너무 먼 미래만 준비하다 보니 정작 한두 달 내에 쓸 수 있는 단기 자금이 없어 헉헉댔다. 도대체 누가 매달 200만 원씩을 연금에 넣으라고 부추겼냐고 물었더니, 어느 날 갑자기 전화를 걸어와 만나게 된 대학 선배였다고 한다. 한 달 월급이 얼마 되지도 않는 샐러리맨에게 200만 원씩 뭉텅이로 연금보험에 넣으라고 권하다니!! 생판 모르는 사람도 아니고 친하게 지냈던 대학 선배가 그랬다니 기가 찼다. 악질 설계사에게 당한 전형적인 케이스였다. 더 늦기 전에 바로잡는 작업이 필요해 보였다. 돈을 손해 보더라도 당장 해약하라고 조언해 줬다.

　친구는 여러 날 고민한 끝에 내 조언을 받아들여 해약 절차를 밟았다. 1년간 2,400만 원을 납입했는데 돌려받은 돈은 1,200만 원이 채 되지 않았다. 지금은 과거의 쓰라린 경험을 교훈 삼아, 노후 준비 자금을 한 상품에 몰아주기보다 일정 금액씩 쪼개어 가입해 알뜰살뜰 잘 굴리고 있다.

보험사만 배불리는 연금전환 특약

종신보험이나 변액유니버셜보험 등의 상품을 선전하면서 '연금전환 특약'이 붙어 있으니 일단 가입해 두고 나중에 연금으로 바꿔서 활용하면 된다고 태연히 소개하는 사람들이 있다. 연금전환 특약은 가입 후 10~20년 등 일정 기간이 지난 시점에서 연금으로 바꿀 수 있는 기능이다.

하지만 연금전환 시점에 연금 지급액이 새로 산정된다는 함정이 숨어 있다. 20~30년간 진행된 고령화 추세가 반영되기 때문에 노후에 받을 연금액이 그만큼 줄어들어 고객에게 불리해진다는 얘기다. 보험사들이 선전하는 것처럼 마냥 좋은 기능인 것은 아니다. 노후 대비 목적으로 연금상품에 가입한다면, 처음부터 상품명에 '연금'이라는 단어가 정확하게 들어간 상품을 고르는 게 좋다.

잔병치레부터 큰 병까지 걱정 없다
실손의료비 특약

우리나라 사람들처럼 대충 보험에 가입하는 사람도 없을 것이다. 한 번 가입하면 보통 10~20년 동안 돈을 내야 하고 중간에 해지하면 엄청난 손해를 감수해야 하는데 말이다. 결코 적은 액수가 아닌데도 상품명조차 모른 채 가입하는 사람도 부지기수다. 자기가 아무렇게나 가입해 놓고선, 아프거나 다쳐서 병원에 갔을 때 도움이 하나도 안 된다며 무턱대고 화부터 내는 사람도 많다.

모 금융계 고위 인사가 사적인 자리에서 내게 '보험은 사기'라고 말을 꺼냈다. "보험은 중간 유통 마진이 너무 비싼 상품입니다. 만약 친척이나 지인과의 관계 때문에 어쩔 수 없이 보험에 들어줘야 한다면 만기까지 꼭 들고 가야 합니다. 그렇게 하면 그나마 손해는 덜 보니까요. 중간에 해약할 것 같으면 아예 처음부터 가입하지 말아야 합니다."

분위기가 싸해질 만큼 자극적인 발언에 놀란 나는 "그러면 지금

보험을 전혀 가입하지 않으셨어요?"라고 당차게 되물었다. 그는 "보험은 사기라고 생각하지만, 오래 데리고 있던 여비서가 퇴사한 후 보험설계사가 되어 찾아왔기에 어쩔 수 없이 몇 개 들어줬다"며 허허 웃었다.

보험은 잘 알고 골라서 가입하면 가정경제에 도움이 될 수 있는 유용한 상품이다. 하지만 잘 모른 채 대충 가입하면 보험사한테 봉(어수룩해서 이용해 먹기 좋은 사람) 노릇만 해주기 십상이다. '보험은 몰라서 속고 알아도 당한다'는 말이 그냥 나온 게 아니다.

보험은 소비, 순수보장형을 골라라

우리나라 사람들이 보험에 가입하면서 저지르는 대표적인 실수 중 하나가 바로 만기 때 얼마나 돌려받는지에 초점을 맞추는 것이다. 보험을 저축으로 생각하는 한국 사람들의 특성에서 비롯된 것이다. 보험사들은 본전을 찾고 싶어 하는 한국인의 특성을 잘 아니까, 만기 때 돈을 얼마나 받을 수 있는지 자세히 설명하면서 가입을 부추긴다.

하지만 만기환급금을 많이 받게 되면, 그만큼 다달이 내야 하는 보험료가 비싸진다. 보험사가 자선 사업을 하는 곳은 아니지 않는가. 게다가 대다수 소비자들은 물가상승에 따른 화폐가치 하락을 곧잘 간과한다. 만기가 100세인 상품에 가입하여 만기환급금으로 수백만 원을 돌려받아봤자 물가상승률을 감안하면 절대 큰돈이 아니다. 오히려 '껌값' 정도라고 봐야 한다. 지금 1억 원과 50년 후의 1억 원은 절대 같지 않다.

따라서 보험에 가입할 때는 가급적 만기 때 돌려받는 보험금이 거의 없는 순수보장형(소멸형)으로 설계하는 게 좋다. 순수보장형은 만기환급형보다 월 보험료도 싸기 때문에 보험료가 부담스럽다는 이유로 중도해지할 가능성도 낮다. 시간이 흘러 소비자에게 더 유리하게끔 진화한 신종 보험상품이 나왔을 때(새로 발견된 질병 보장 내용이 추가되는 등) 순수보장형 상품에 가입한 상태라면 본전 생각이 덜 나니까 갈아타기도 덜 부담스럽다.(물론 그동안 나이가 더 들었기 때문에 보험료는 다소 오를 수 있다.)

보험료, 얼마나 차이 날까

36세 여성이 90세 만기인 건강보험에 똑같은 조건으로 가입할 때
- 저축성 만기 환급형 : 월 2만 5,200원
- 소멸성 순수 보장형 : 월 2만 500원

보험 가입에도 순서가 있다

보험에 가입한다면 어떤 상품을 1순위에 올려야 할까?

집에 돈이 많아서 여러 보험상품에 두둑한 금액으로 들어둘 수 있다면 고민할 필요가 없겠다. 하지만 한정된 금액으로 최대의 효과를 끌어내려면 취사선택할 수밖에 없다.

각자 처한 상황에 따라 우선순위는 달라지겠지만, 개인적으로 가장 먼저 가입해야 하는 보험상품은 실손의료비 특약이라고 생각한다. TV에 광고가 자주 나오기 때문에 아마 귀에는 익숙할 것이다. 실

손의료보험 혹은 민간의료보험 등 명칭이 다양한데, 간단히 말하면 병원에 지불한 돈의 90~100%를 보험사로부터 돌려받을 수 있는 상품을 말한다. 독립적인 형태로 팔리는 상품은 아니고, 여러 보장성 보험에 추가로 붙는 특약 형태로 팔린다. 일반 건강보험이나 의료보험에 특약으로 붙어 있는 경우도 있고, 요즘은 종신보험이나 정기보험에도 붙어서 나온다.

지금 판매 중인 실손의료비 특약은 생명보험이든 손해보험이든 회사별로 내용 차이가 전혀 나지 않는다. 사실상 똑같다고 봐도 된다. 지난 2009년 10월, 정부가 소비자의 혼란을 막겠다는 취지에서 실손의료비 특약을 표준화했기 때문이다. 소비자 입장에서는 어느 보험사 상품에 가입하든 같은 내용의 보장을 받게 됐다. 2010년 4월부터는 보험금을 청구할 때의 서류 양식도 통일화됐다.

실손의료비 특약은 입원 의료비의 90% 최대 5,000만 원까지만 보장해 준다. 대신 환자 본인 부담금이 연간 200만 원을 넘으면 나머지는 보험사가 부담한다. 치질 같은 항문 질환, 치매, 한방, 치과 관련 질병도 보장해 준다.

통원치료를 받을 때 보험금을 주지 않는 소액 의료비의 기준은 병원 규모별로 달라진다. 환자 본인 부담금을 기준으로 의원은 1만 원, 병원은 1만 5,000원, 종합전문병원은 2만 원까지 보험금이 나오지 않는다. 약값은 일률적으로 8,000원을 넘어야 보험금을 신청할 수 있다. 약값을 포함한 통원의료비는 진료 건당 30만 원까지만 보장된다.

구분		현행 (2009년 10월 이후 가입자, 생명·손해보험 공통)	종전 (2009년 9월까지 가입자, 손해보험 기준)
입원	보장 한도	90% 보장(최대 5,000만 원)	100% 보장(최대 1억 원)
	자기 부담 한도	연간 200만 원(초과시 전액 보장)	없음
	보장 내용	치매, 한방, 항문 질환, 치과 등 보장 (법정 본인 부담금만 해당)	치매, 한방, 항문 질환, 치과 등 제외
외래		• 병원 규모에 따라 본인 부담금 차별화 　– 의원 1만 원, 병원 1만 5,000원, 　　종합전문병원 2만 원 • 외래 진료비와 약값 한도는 1일 30만 원	• 외래 진료시 5,000~1만 원 자기 부담 • 외래 진료비와 약값 한도는 1일 10만 　~50만 원
약제비		8,000원 공제	

실손 특약은 딱 하나만 가입하세요

실손의료비 특약이라고 해서 모든 사고와 질병을 완벽하게 보장해 주는 건 아니지만 보험료 대비 효용은 가장 크다. 다만 여러 개 중복해서 가입하는 건 피해야 한다. 실손의료비 특약은 아무리 많이 들었어도 환자가 부담한 실제 의료비를 기준으로 보험금을 지급하기 때문이다. 예를 들어 환자가 받을 수 있는 보험금이 300만 원이라면, 실손 특약을 3개 가입했어도 900만 원이 아니라 각 100만 원씩만 받을 수 있다는 얘기다. 실손 특약을 가입한지 모르고 다시 가입하는 경우가 종종 있는데, 중복 가입 여부는 생명보험협회 www.klia.or.kr 와 손해보험협회 www.knia.or.kr 홈페이지에서 공인인증서 등으로 본인 확인 절차만 거치면 바로 알아볼 수 있다. 이밖에 실손의료비 특약 가격도 따져봐야 할 부분이다. 실손의료비 특약은 보장 내용이 같아도 매달 내는 보험료가 회사별로 최고 3배나 차이 날 정도로 가격 차이가 심하다. 생명보험협회와 손해보험협회 홈페이지에 접속한 뒤 보험공시실을 클릭하고 나이와 성별 등 간단한 조건만 입력하면 보험료를 비교해 볼 수 있다.

시장이 혼란할수록 빛난다
채권

채권이라고 하면 '부유층의 리그' 정도로 치부하고 관심조차 두지 않는 사람들이 많다. 채권을 접할 기회가 많지 않다 보니 그냥 막연하게 두려워하는 사람들도 꽤 된다.

하지만 사실 채권은 안정성과 수익률 면에서 두 마리 토끼를 잡아주는 알토란같은 상품이다. 실제로 채권에만 투자해서 재산을 불린 고수들도 적지 않다. 잘만 선택하면 주식보다 안전하게 예금보다 높은 수익률을 올릴 수 있다.

채권시장이 북적북적해지는 것은 주식시장 변동성이 커지면서 불확실성이 커져갈 때다. 주식시장 혼란기야말로 채권이 반짝반짝 빛을 발하는 시기다.

채권은 주식과 달리, 발행사가 부도만 나지 않으면 정기예금처럼 만기 때 받을 원리금이 미리 정해져 있다는 게 특징이다. 보통 정기예금 금리보다 1% 포인트 이상 높기 때문에 꽤 쏠쏠한 수익을 거둘 수 있다.

투자 방법도 간단하다. 증권사에서 계좌를 개설하고 1,000원 이상만 투자하면 된다. 2010년 2월엔 금융투자협회가 채권몰www.bondmall.or.kr을 오픈하면서 개인이 접근하기가 더욱 쉬워졌다. 향후 판매될 채권 정보뿐만 아니라, 내 투자 성향에 맞는 채권 정보까지 한눈에 검색해 볼 수 있다.

두 얼굴의 채권

그러나 아름다운 장미에 날카로운 가시가 있는 것처럼, 채권 투자에 위험이 전혀 없는 건 아니다. 우선 채권을 발행한 회사가 문을 닫게 되면 원금을 일부 떼일 수 있다. 그래서 채권에 가입할 때는 신용등급을 꼭 따져봐야 한다.

가장 안전한 채권은 AAA등급이다.(회사채는 AAA에서 D까지 총 10개 등급이 있다.) 보통 A등급 이상이면 안전하다. 등급이 좋을수록 안전하다는 뜻인데, 대신 손에 쥐는 수익은 적다. 경기가 좋을 때는 B등급까지 급을 좀 낮춰 투자해도 괜찮지만, 불안한 시기라면 A등급 이상으로 골라야 안전하다. 또 일반인들은 채권을 보유하면서 만기 때 확정이자를 받는 형태를 선호하는데, 이때 만기 전에 돈을 찾게 되면 원금 손실을 볼 수 있다는 점에 유의해야 한다.(금리가 하락하면 매매 차익이 발생해서 수익이 날 수도 있다.)

기업들이 단기자금 조달용으로 많이 발행하는 기업어음CP은 투자 기간이 대부분 1년 미만이다. 수익률은 발행 기업이나 신용등급에 따라 달라진다.(CP는 A1, A2, A3, B, C, D 등 총 6개 등급으로 나뉜다.)

일반 소비자가 CP에 직접투자하는 형태는 많지 않다. 보통 증권사들이 수백억 원대의 CP를 일괄 구매한 다음 신탁에 편입해서 소액으로 쪼개 팔기 때문에 CP 투자자는 신탁 투자자인 경우가 많다.

불경기에 CP에 투자할 생각이라면 아주 신중해야 한다. 통상 회사채로 자금을 모을 여력이 안 되는 '한계 기업'들이 급한 불을 끄기 위해 CP를 찍어내는 경우가 많기 때문이다. CP는 회사채에 비해 발행 조건 등에서 크게 제약을 받지 않기 때문에 투자자는 일반 채권에 투자할 때보다 더 신중해야 한다.

고금리 노렸다가 발등 찍힐 수도

후순위채는 발행사가 망하면 선순위채보다 상환 순위가 낮은 채권이다. 은행 정기예금 등 여타 금융상품보다 금리가 2% 포인트 이상 높다는 게 특징이다. 1개월 혹은 3개월마다 이자가 지급되어 나오기 때문에 은퇴 후 이자로 생활하는 고령자들이 선호하는 상품이다. 은행이나 증권사, 저축은행 등 금융회사들이 재무 건전성을 확보하기 위해 비정기적으로 판매하는 게 보통이며, 한도를 정해 놓고 파는데다 공개적인 거래 장터가 마련돼 있는 것도 아니어서 판매 기간이 지나면 구하기 힘들다.

물론 판매 기간이 지난 후에도 살 수 있긴 하다. 후순위채를 판매했던 해당 금융회사 직원에게 부탁하면 된다. 부지런한 직원은 사내

순서	소요 시간
채권 매매를 위한 계좌 개설 – 증권사에서 주식, 채권, 수익증권 등 증권상품을 매매할 수 있는 위탁계좌 개설	30분
전문가 상담 – 투자 목적, 재산 상황, 투자 경험 등에 맞춰 투자 성향을 파악	40분
채권 매수 • 영업점 매매 : 증권사 영업점에서 채권 종목, 투자 금액, 수익률, 투자 위험 등을 상담받은 뒤 창구 직원을 통해 채권 매수 • 온라인 매매 : 증권사 홈페이지를 통해 채권 매수	30분
만기까지 보유하면 원리금 지급 – 금리 하락시 만기 이전에 중도 매도하여 수익 실현 가능	20분

채권이 안전빵은 아니다

채권 가입 후 혹시 회사가 부도나서 내 돈이 떼이게 되는 건 아닌지 전전긍긍하는 사람이라면 이자 몇 푼 더 받으려다가 오히려 건강을 해칠 수 있다. 채권 투자는 본인의 투자 성향과 상품 위험성, 금리 전망 등을 꼼꼼히 따져보고 결정해야 한다.

주지하다시피 채권은 1인당 원리금 합쳐 5,000만 원까지 보장받을 수 있는 예금자보호법 대상에서 제외된다. 따라서 (주식보다는 낫겠지만) 100% 안전한 투자처가 될 수는 없다.

2009년 말, 금호그룹 소속인 금호산업과 금호타이어가 워크아웃(기업의 재무구조 개선작업)에 들어가면서 이들 회사의 회사채나 기업어음 등에 투자한 개인들은 만기가 도래했어도 원금과 이자를 받지 못하는 낭패를 봤다.

1년 이내에 꼭 써야 하는 목적 자금이라면 아무리 금리가 높다고 해도 채권에는 눈길도 주지 말자. 이런 돈은 이자가 낮아도 안전한 단기예금에 넣어두는 게 최선이다. 또 A등급 이상 채권이면 대체적으로 우량하다고 말하지만 이건 회사채에만 적용된다. CP의 경우에는 등급 체계가 다르다. 등급이 A3인 CP를 마치 최우량 채권인 것처럼 얼렁뚱땅 설명하면서 판매하는 직원도 있다는데, 이런 말만 믿고 투자했다가 돈을 떼이면 소비자만 손해다. 아는 게 힘이다.

게시판 등을 통해 다른 직원들과 정보를 공유하면서 급한 사정으로 만기 전에 후순위채를 팔려는 고객과 연결해 주기도 한다.

그런데 후순위채가 수익률이 높기는 하지만 늘 '안타'만 치는 건 아니니 유의하자. 1년짜리 은행 정기예금 금리가 연 3% 초반을 기록했을 때, 시중은행들은 연 5%대 후순위채를 앞다퉈 발행했다. 당시 많은 소비자들이 고금리 유혹에 흔들려 후순위채에 대거 투자했는데, 이후 시중 금리가 갑자기 치솟으면서 정기예금 금리보다 후순위채 수익률이 낮아지는 역전 현상이 발생했다. 후순위채에 거액을 넣은 사람들이 가슴을 치며 후회했음은 물론이다. 후순위채는 만기가 5년 이상으로 기간이 긴데다 중도해지도 어려워 유동성에 제약이 따를 수 있다.

과소비의 주범에서 문명의 이기로
신용카드

신용카드를 재테크의 적敵, 과소비의 주범이라고 비난하면서 가위로 싹둑 잘라버려야 한다고 주장하는 사람들이 있다. 그러나 모르시는 말씀! 카드도 잘만 활용하면 빠듯한 살림에 보탬이 된다. 적재적소에 제대로만 쓴다면 신용카드야말로 훌륭한 문명의 이기利器다.

신용카드는 이미 우리들의 생활에 빠른 속도로 침투해 들어오고 있다. 지난 2009년 신용카드 결제 비중은 52.6%로 사상 최대치를 기록했다.

세상에 널리고 널린 게 카드라지만 기특한 녀석을 골라내면 한 달 생활비에서 몇만 원은 아낄 수 있다. 단 힘들게 고른 완소 카드를 1% 아쉬움도 남기지 않고 최대한 활용하려면 전략을 잘 짜야 한다. 카드사의 인심이 날이 갈수록 야박해지고 있기 때문이다.

우선 전월 사용실적을 꼼꼼하게 챙겨야 한다. 일반적으로 카드에는 '전월 30만 원 이상 사용' 등의 조건이 예외 없이 붙어 있다. 이 문턱을 넘어야만 해당 월에 각종 할인 혜택이나 서비스를 얻어낼 수 있다. 두말할 필요도 없지만, 전달에 써야 하는 실적 요건이 낮을수록 소비자에게는 유리하다. 그런데 이때 '지난달에 30만 원 넘게 카드를 긁었으니 괜찮겠지' 하고 안이하게 생각하면 곤란하다. 일부 카드는 할인 혜택을 받은 금액에 대해서는 전달 사용금액 기준에서 빼버리기 때문이다.

전월 사용실적을 체크하는 기간도 반드시 따져봐야 한다. 소비자들은 으레 전월 사용실적은 달력상으로 1일에서 말일이 기준이라고 오해하기 쉽다. 하지만 결제 금액 청구일에 따라 사용실적 체크 기간을 다르게 적용하는 카드사도 있다.

또 한 가지 조심해야 할 점은 (나도 몰라서 뒤통수를 맞았는데) 사용실적을 체크하는 기간이 1~30일인 경우, 카드 사용실적 문턱을 무사히 통과하기 위해 사용실적을 채우는 일정을 25일 정도로 앞당겨서 잡는 게 좋다. 일부 카드사들은 전표를 매입해야만 사용실적에 포함해 주는데, 월말에 카드를 긁었다고 해도 가맹점에서 전표를 늦게 보내주면 말일이 지나서 매입되기 때문에 사용실적으로 잡히지 않을 수 있다.

눈에 보이지 않는 트릭들

전월 사용실적 기준을 무사히 통과했다고 해서 안심하기는 이르다. 몇 가지 소소한 함정들이 여전히 남아 있다. 지갑 속 카드가 학원이나 병원 등 특정 업종에서 할인 혜택을 준다면, 해당 업종이 카드사에 해당 가맹점 코드로 등록되어 있는지 확인해 봐야 한다. 카드사별로 가맹점 업종 등록이 다르게 되어 있어 할인 혜택을 챙기지 못하는 불운이 종종 발생하기 때문이다.

예컨대 학습지를 10% 할인해 준다고 해서 선뜻 가입했는데, 아이가 하는 학습지가 카드사에는 학습지 가맹점으로 등록돼 있지 않으면 할인을 받지 못한다. 실제로 엄마들에게 익숙한 유명 학습지나 학원이 서점 등 다른 가맹점으로 등록돼 있는 경우가 허다하다. 우리 아들이 주말마다 다닌 학원도 '학원'이 아니라 '서점'으로 가맹점을 등록해 놓은 탓에 학원비를 할인받으려고 만든 카드로는 혜택을 전혀 챙기지 못했다. 이런 불상사를 막으려면 카드를 만들기 전에 카드사 콜센터에 전화해서 내가 이용하려고 점찍어 둔 곳이 할인을 받을 수 있는 가맹점 업종인지 확인해 보는 게 좋다.

카드 명세서도 꼼꼼히 읽어봐야 한다. 카드사들이 전월 사용금액 등 부가서비스 이용 조건을 수시로 바꿔버리기 때문이다. 물론 소비자들에게 변경 내용을 6개월 전에 미리 알려주기는 하지만 카드 명세서에 깨알 같은 글씨로 적어 일방적으로 통보하고는 땡이다. 카드 명세서를 챙겨보지 않아 바뀐 조건을 모른 채 옛날 생각만 하면서 카드를 그냥 사용했다가는 기대했던 할인이나 부가서비스 혜택을 받지 못할 수 있다. 또한 쓸모없는 카드는 연회비를 내지 않도록 연초나 연말 등 일정 시간을 정해 놓고 주기적으로 '카드 다이어트'를 하는 것이 좋다.

구분	신용카드	체크카드
가입 조건	신용등급과 소득 수준에 따라 다르다	은행에서 통장만 만들면 누구나 가능하다
사용 조건	한 달에 한 번 결제한다	통장 잔액 한도 내에서만 사용 가능하다
할부 조건	일정 수수료를 내면 가능하다 (일부 카드는 무이자 할부 서비스를 제공한다)	불가능하다
소득공제(2010년 기준)	소득공제율 20% (300만 원 한도)	소득공제율 25% (300만 원 한도)
단점	매년 연회비를 내야 하고, 현금서비스 수수료가 비싸다	카드사별로 특정 시간대 이용이 어려울 수 있다

신용카드 게 섰거라, 맞장 뜨는 체크카드

'외상이면 소도 잡아먹는다'는 옛말이 있다. 외상은 과소비나 충동구매를 강하게 자극한다. 신용카드도 일종의 외상 거래다. 아무리 생각해도 소비 통제력에 자신이 없다면 체크카드를 활용해 보자.

체크카드란, 결제 시점에 돈이 바로 빠져나가는 일종의 직불카드다. 은행과 증권사, 저축은행 등에서 만들 수 있다. 통장 잔액 내에서만 사용할 수 있기 때문에 통장에 들어 있는 액수를 넘어서면 쇼핑 활동 자체가 원천 봉쇄된다. 그래서 과잉 소비를 부추기는 신용카드의 얄미운 농간에 휘둘리지 않을 수 있다. 매년 5,000~2만 원씩 내야 하는 신용카드와 달리 체크카드는 연회비도 공짜여서 착하다.

2010년부터 체크카드는 날개를 하나 더 달았다. 바로 푸짐해진 소득공제 혜택이다. 2010년 기준 신용카드의 소득공제 비율은 사용액의 20%인 데 반해 체크카드는 사용액의 25%로, 소득공제율이 신용카드보다 높다. 똑같은 금액을 사용하는 경우, 신용카드가 아니라 체크카드로 결제했을 때 소득공제 혜택을 더 많이 챙길 수 있는 것이다.

단, 체크카드는 마케팅 사각지대여서 신용카드에 비해 부가서비스가 푸짐하지 않다는 게 단점이다. 무턱대고 체크카드에 올인하는 전략은 바람직하지 않다는 얘기다. 평소에는 체크카드를 쓰다가 할부 구매를 해야 하는 시점에서는 신용카드를 쓰는 등 적절하게 섞어 쓰는 양동작전이 유리하다.

남자는 모른다, 여자의 쌈짓돈

가끔 독자에게 개인적인 내용의 이메일을 받을 때가 있다. 30대 남성 독자인 A씨의 이메일을 받은 건 2010년 봄. 7년간의 연애 끝에 결혼을 해서 현재 4년차 부부라고 밝힌 A씨의 고민은 '아내가 돈에 전혀 관심이 없다'는 것이었다.

"이제 집 장만도 해야 하고, 아이 교육도 준비해야 하고, 부부의 미래도 준비해야 하는데 아내가 도통 돈에 관심이 없어요. 그렇다고 소비가 심한 건 아닙니다. 그냥 단순히 돈 관리를 안 합니다. 무관심해요. 심지어 남편인 제가 직장에서 돈을 얼마나 버는지도 관심이 없는 듯해요. 아내를 설득해서 가계부라도 열심히 쓰게 해야 할까요? 친구나 선후배들을 보면 아내가 돈 관리도 꼼꼼히 하고, 남편한테 바가지를 긁기도 하던데요. 저는 용돈 받아 다니는 친구나 선배가 정말 부럽습니다. 아내가 경제 지식을 갖게 할 수 있는 방법이 없을까요?"

보통 아내가 돈 관리를 하고 남편은 안방 살림에 무관심한 부부가 많은 법인데, A씨가 처한 상황은 참 특이했다. 나는 A씨에게 "안방 금고 관리를 반드시 아내가 하란 법은 없지만, 부부가 함께 노력해야만 재테크도 성공할 수 있다"고 답장을 써서 보냈다. 주말에 하루 날을 잡아서 부부끼리 진솔하게 대화해보고, 아내의 관심을 자연스럽게 유도해 보라는 조언도 곁들였다.

자고로 부부 금슬이 좋아야 재테크도 성공하는 법이다. 가정경제 문제는 아내와 남편이 합심해서 풀어나갈 때 최선의 해답을 찾을 수 있다. 부부 중 어느 한 쪽이 반란이라도 일으키면 가정경제를 좀먹는 악당들을 물리치기가 쉽지 않다. 다만 현실에서는 남편보다 아내가 리더십을 갖고 지휘할 때 돈을 버는 사례가 더 많은 것 같다. '과부 삼 년이면 은이 서 말, 홀아비 삼 년이면 이가 서 말'이라는 옛말도 있지 않은가.

강창희 미래에셋 투자교육연구소장은 "34년을 증권사에서 일했지만 결국 돈은 부인이 하자는 대로 해서 벌었다"면서 "우리나라 주부들은 재테크 관념이 뛰어나다"고 말한다. 긍정 바이러스를 지닌 여성들은 새로운 것을 받아들이는 능력이 뛰어나고 새는 구멍도 잘 막아내기 때문이란 게 강 소장의 설명이다.

경제학 박사인 국책연구소의 A팀장도 '전업주부의 쇼핑 파워'가 갈수록 강해지면서 머니게임의 규칙이 달라지고 있다고 진단했다. 생계형 맞벌이보다는 외벌이가 재테크로 성공할 확률이 더 높아졌다는 것이다. "귀동냥이 재테크의 성패를 좌우하는 시대입니다. 귀동냥이라고 하니까 좀 미련하게 들리시죠? 하지만 때론 미련한 것이 가장 현명한 법입니다. 부동산에 욕심이 있는 아내는 모델하우스를 이곳저곳 수없이 찾아다니면서 최신 정보를 얻기 위해 발품을 팝니다. 그러면서 집 보는 안목을 키우고, 실전에서도 부동산을 사고팔아 수익도 챙기게 됩니다. 그래서 전 생계형 맞벌이보다 외벌이가 더 나은 것 같아요. 아내가 재테크에 밝으면 맞벌이보다 돈을 벌 가능성이 더 높으니까요. 맞벌이는 정말 허당입니다. 외벌이보다 수십배 더 버는 것도 아니고, 이것저것 다 쓰고 나면 한 달에 겨우 56만원 남는다는 조사도 나와 있잖아요.”

삶에 자유를 주는 뒷주머니

부부가 아무 생각 없이 앞만 보고 달리기만 한다면 가정경제는 금방 펑크가 나버린다. 가정경제를 잘 굴러가게 하려면 부부가 서로 합심해서 굴리려는 노력이 필요하다.

그런데 이때 문득 떠오르는 궁금증 한 가지. 과연 숨겨두는 돈, 비자금은 필요할까? 시중에 나와 있는 일반 재테크 책들을 읽어보면 비자금은 절대 만들면 안 된다고 되어 있다. 뒤늦게 발각이 되면 부부간에 서로 의가 상한다는 것이다. 틀린 말은 아니다. 반면, 먼저 결혼한 선배 언니들이나 친정엄마에게 물어보면 “무조건 비자금은 있어야 한다”고 말한다. 비자금이 아니라 ‘비상금’이라고 생각하고 무조건 모아두라는 조언이다. 과연 어느 것이 옳을까?

나는 개인적으로 결혼한 여자에게 비자금은 반드시 필요하다고 생각한다. ‘님’이라는 글자에 점 하나만 찍으면 ‘남’이 되는 세상 아닌가. 권력은 돈에서 나오는 법이다. 신랑에게 말하기 힘든 일이나 (예컨대 친정에 돈이 필요한 일이 생긴다든지) 불의의 사태를 내 선에서 수습하려면 반드시 내 돈이 있어야 한다.

다만 비자금을 모았거나 혹은 앞으로 모으겠다고 결심했다면, 꼭 지켜야 할 철칙이 있다. 바로 입이 무거워야 한다는 점이다. 어떤 일이 있어도 남편에게 여윳돈이 있다는 사실을 알리면 안 된다. 입을 가볍게 놀리는 순간, 남자들은 '이게 웬 떡이냐, 내가 노력하지 않아도 아내가 다 알아서 하는구나'라면서 나태해지고 만다. 남편들은 집에 돈이 없어야 안 쓰고 모으려고 하지, 집에 돈이 있다는 걸 알면 모으기는커녕 야금야금 쓸 생각부터 한다.

우리 사회에서 여성의 쌈짓돈은 얼마나 일반화되어 있을까? 지난 2009년 한 여론조사업체가 전국 기혼여성 613명을 대상으로 설문조사한 결과에 따르면, 응답자의 65.3%가 '남편 모르는 비자금이 있다'고 답했다.

비자금 규모는 100만~300만 원 미만이 22.5%로 가장 많았고, 300만~500만 원이 17.5%, 50만~100만 원 9.8% 순이었다. '5,000만 원 이상 모았다'는 응답자도 3.3% 있었다.

비자금을 모으는 이유로는 '사고 등 만일의 사태에 대비하기 위해'(34.3%), '이유는 없지만 갖고 있으면 안심이 되어서'(25.3%), '내 취미를 위해'(8.3%) 순으로 꼽혔다. 친정에서 급전이 필요할 때 남편에게 손 벌리지 않아도 되고, 친정부모에게 눈치 안 보고 용돈 챙겨드리려고 비자금을 조성하는 경우도 많았다.

비자금 조성 방법에 대한 답변은 '생활비에서 쪼갠다'(38.5%)가 가장 많았고, 주식과 펀드 등 재테크(20.5%), 보너스나 성과급(14%), 아르바이트(12%), 처녀 시절 저축(11%) 등의 순이었다. 비자금의 존재는 무덤에 갈 때까지 비밀로 하겠다는 여성이 많았고, 비자금이 있다고 답한 여성의 63.7%는 '남편에게 절대 비자금을 말하지 않겠다'고 답했다.

03

재테크 잔혹史

맨발로 가시밭길 걷기

펀드 X파일

– 인덱스펀드부터 상장지수펀드까지 펀드에 대한 모든 것

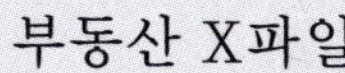

주식 X파일

– 총성 없는 전쟁, 주식 투자에 대한 모든 것

부동산 X파일

– 기획부동산부터 경매까지 부동산 투자에 대한 모든 것

SPECIAL TIP 개인의 취향

맨발로 가시밭길 걷기

"이번에 부모님이 서울 집을 팔려고 내놓으셨어."

"얼마에 내놨는데?"

"응, 부동산에서는 더 받을 수 있다고 했는데 좀 급해서 20억에."

친구는 정말 아무렇지도 않게 말했는데, 난 그 대답을 듣자마자 먹먹해졌다. 평범한 월급쟁이에게 20억이라는 숫자는 그렇게 가깝지도 친밀하지도 않으니 말이다.

친구 부모님이 수십억을 호가하는 값비싼 집을 갖게 된 건, 돈을 벌겠다고 재테크에 열을 올렸기 때문은 아니었다. 그저 자식들을 잘 키우려고 수십 년 전에 서울 모처에 집 한 채를 샀고 그 집에서 그냥 오랫동안 살아온 게 전부였다. 그런데 고맙게도 그동안 집값이 올라줬다는, 정말 해피엔딩 스토리다.

이런 행운이 발에 차이듯 흔하지는 않을 것이다. 그러나 아주 드문 것도 아니다.

고성장 시대에 부동산은 사두기만 하면 오르는 일이 다반사였다. 아무 욕심 없이 사뒀던 땅이 수십 배가 뛰어 벼락부자가 되는 사람도 많았다. 다들 먹고 살기 바쁠 때여서 경쟁이 지금처럼 치열하지 않았고, 새로운 상품이나 기술을 선보여 한순간에 부를 움켜쥐기도 수월했다. 회사 다니면서 받는 월급은 빤하지만, 차곡차곡 모아서 집도 사고 아이도 키우고 노후 준비까지 끝내는 것이 불가능한 것은 아니었다.

비빌 언덕 없는 재테크 공황 시대

개인적으로는 재테크에 관한 한 지금 20~30대만큼 불행한 세대도 없는 것 같다. 아직 모아둔 자산도 별로 없는데 부동산이든 주식이든 대부분의 자산들은 값이 비싸졌다. 아무리 주위를 둘러봐도 우리들의 부모 세대처럼 큰 수익을 거둘 만한 기회는 많지 않아 보인다.

30대 미혼인 회사 후배가 "월급 모아서는 서울에 집 한 채 못 사는 더러운 세상"이라고 불평하는 모습이 예사롭지만은 않아 보인다. 언제쯤 돈을 벌어 번듯한 아파트 한 채 마련할 수 있을는지 갑갑하다는 사람들뿐이다. 누구는 벤츠와 BMW로 편하게 움직였다는데 우리는 울퉁불퉁한 자갈밭길과 가시밭길을 맨발로 걸어야 한다니, 가혹하기 짝이 없다.

이런 변화는 고령화와 저금리, 조기퇴직 등의 변수들이 복합적으로 만들어낸 결과다. 예전에는 그저 회사에 충성하고 열심히 일하면 정년퇴직 시점까지 그럭저럭 먹고 살 수 있었다. 하지만 지금은 어떠한가. 그 어떤 회사도 직원들에게 정년까지 일할 수 있다고 보장해 주지 않는다. 미래가 불안해지니까 사람들은 어쩔 수 없이 재테크에 목숨을 건다. 심지어 빚까지 얻어가면서 말이다.

알짜 정보를 극소수의 사람들이 독점하던 시절에는 별 생각 없이 행동으로 옮기기만 하면 바로 돈이 됐다. 그러나 지금은 시대가 변했다. 이를테면 초고속 정보화 사회가 낳은 '비극'이라고나 할까? 모든 정보는 거미줄처럼 뻗어 있는 네트워크를 타고 빠른 속도로 전달된다. 나 혼자만 아는 정보라는 것은 별 의미를 갖지 못한다. 돈이든 시간이든 여력이 부족한 보통 사람들은 성공할 확률보다 실패할 확률이 더 높아진 것이다.

펀드매니저들이 개인적으로 만난 자리에서 고백하는 얘기가 있다. 앞으로는 개별 펀드가 100%가 넘는 경이적인 수익률을 올리기는 힘들 것 같다는 것이다. 펀드가 고수익을 내려면 남들이 모르는 저평가된 종목을 선점해 놓고 있다가 좋은 실적을 내는 시점에 팔아야 하는데, 지금은 온갖 정보가 누구에게나 시시각각 공개되고 있지 않은가. 펀드매니저라고 해서 일반인을 능가하는 특별한 정보를 독점적으로 먼저 알아내어 이용하기가 쉽지 않다.

자신 없으면 저축이나 열심히

앞으로는 더 치열하게, 더 창조적으로 앞서가지 않으면 부자가 되기 힘들다. 매일 신문을 읽고 인터넷 재테크 동호회를 단골집 삼아

들락거리며 온갖 정보를 챙기지 않는 한, 재테크로 고수익을 올리기는 여의치 않다. 잔혹하지만 이것이 엄연한 현실인 것을!!

아무리 생각해 봐도 부지런하지도 않고, 그렇다고 과감히 앞서 나갈 용기도 없다면 방법은 하나뿐이다. 그냥 재테크는 잊고 지내는 것이다. 펀드든 주식이든, 투자의 세계는 개인보다 금융회사에 절대적으로 유리한 전쟁터다. 어설프게 덤비면 쪽박 차기 십상이다. 대학에서 경제학을 공부하고 금융에 대해서라면 알 만큼 아는 사람이 은행 정기예금만 고집하는 건, 무식해서가 아니다. 리스크를 싫어해서 그런 것이다. 만약 어느 정도의 위험을 감수할 생각이 있다면 사전 공부는 필수다. 치열한 두뇌 공부 없이 뛰어들면 100원만 쓰면 되는 수업료를 100만 배나 더 쓰게 될 수도 있다는 점을 꼭 기억하자.

펀드 X파일
인덱스펀드부터 상장지수펀드까지 펀드에 대한 모든 것

2010년 2월 한국투자자보호재단이 발표한 자료가 눈길을 확 끌었다. 우리나라 투자자들이 갖고 있는 '펀드 트라우마(충격적 경험)'를 적나라하게 보여줬기 때문이다. 이 자료에 따르면, 펀드에 투자하지 않은 성인 남녀의 66%가 '앞으로 펀드에 가입할 의사가 없다'고 답했다. 펀드에 투자할 의향이 없다는 비율은 2007년 22.3%, 2008년 59.7%로 금융위기를 거치면서 매년 급증하는 추세다. 펀드에 가입했다가 돈을 벌기는커녕 쌍코피가 터진 사람이 많아서일 것이다.

　펀드 자체가 나쁜 상품은 결코 아니다. 그런데도 펀드를 신뢰하지 않는 사람이 늘어나는 이유는 왜일까? 아마도 우리의 왜곡된 투자 문화 때문이 아닐까 싶다. 남들이 좋다고 하면 벌 떼처럼 달려드는 불나방식 투자법 말이다. 무조건적인 열정에서 시작된 사랑이 배신을 당하면 바로 불신으로 이어지듯, 펀드 투자는 두 번 다시 하지 않겠다고 굳게 다짐해 버리는 것이다. 하지만 이렇게 지우개로 펀드를 깨끗하게 지워버리면 나중에 펀드 투자가 안겨줄 수 있는 달콤한 과실을 맛볼 수 없게 된다.

한 증권사 지점장은 우리나라의 반反 펀드 정서에 대해 우려를 나타냈다.

"금융위기 이후 펀드 수익률이 반토막 나면서 펀드에 실망한 투자자들이 속출했죠. 물론 안전한 상품이라면서 무리하게 판매한 금융회사 직원들에게도 분명 책임은 있지요. 하지만 젊은 투자자들조차 원금 손실 아픔을 겪었다는 이유 하나만으로 이후 펀드에 전혀 눈길조차 주지 않는 경우가 많아 안타깝습니다. 향후 우리나라 경제가 발전하면서 펀드가 나눠줄 혜택을 우리나라 젊은이들은 전혀 챙길 수 없을지도 모르니까요."

비명이 터지면 승부수를 던져라

한때 금융회사에 대한 불신이 워낙 커져서 은행보다는 안방 금고나 장판 밑에 돈을 보관하는 것이 대세인 시절이 있었다. 물론 요즘 은행에 예금이나 적금을 하고 나서 피 같은 내 돈이 사라지는 건 아닌지 걱정하는 사람은 없다. 하늘이 두 쪽 나지 않는 한 원금은 100% 보장되니까 말이다. 그런데 펀드는 다르다. 펀드에 투자하고 나면 바로 다음날부터 내 돈이 까이는 건 아닌지, 없어지는 건 아닌지 전전긍긍하는 사람이 많다.

펀드 투자자의 고민은 대충 다음과 같은 두 가지로 압축된다. 바로 "무슨 펀드가 좋을까요?"와 "지금이라도 환매할까요?" 시장이 좋을 때는 어떤 펀드에 가입해야 높은 수익을 올릴 수 있을지를 고민하고, 시장이 나빠지면 언제 돈을 빼야 할지를 놓고 갈등한다. 그 이면에는 가격이 떨어지기 전에 팔아야 하는 것 아니냐는 불안감과, 더 올라서 살 기회를 놓치면 어떡하느냐는 조바심이 뒤섞여 있다.

앞으로 값이 많이 오를 만한 펀드를 콕 집어내는 능력이 있다면 얼마나 좋을까? 하지만 그런 초능력을 갖고 있는 사람은 없다. 설사 그런 천부적인 능력을 갖고 있다 해도 그런 행운이 평생 지속되리란 법은 없다.

이럴 땐 차라리 아주 단순하면서도 기계적인 쇼핑 방법을 구사하는 것이 도움이 된다. 가령 투자 금액이 100만 원이면 100만 원을 한꺼번에 전부 펀드에 넣는 게 아니라, 3분의 1이나 2분의 1씩 쪼개어 넣는 것이다. 이렇게 하면 가격 급등락에 연연해하지 않으면서 담담하게 투자 활동을 지속할 수 있다.

기계 인간이 감정 인간을 이긴다

구체적인 예를 들어 설명해 보겠다. 펀드 기준가가 1,000원일 때 매수하는 경우를 가정해 보자. 처음에는 전체 투자 금액(100만 원)의 3분의 1인 30만 원 정도만 넣어본다. 그리고 다음날 기준가가 1,100원으로 올라 있다면 일단 추가 불입은 보류한다. 전날 투자한 것만으로도 이미 일정 수익이 난 것이니 그걸로 만족하면 된다. 남은 투자액은 현금 유동성으로 확보해 두고 시장 추이를 지켜본다.

반대로 기준가가 900원으로 떨어졌다면? 속이야 쓰리겠지만 크게 걱정할 필요는 없다. 당초 투자 금액으로 확보해 놨던 돈의 3분의 1인 30만 원을 더 넣으면 된다. 기준가가 낮아졌을 때 사들인 펀드는 평균 매입 가격을 낮추는 효과를 발휘한다. 결국 펀드 기준가가 오르면 오른 대로 좋고, 떨어지면 싼값에 더 많이 사 모을 수 있으니 이래저래 좋은 셈이다.

그런데 이런 식으로 펀드를 쇼핑하고 관리하는 것도 고도의 집중력과 강렬한 애정을 필요로 한다. 생계에 바쁜 사람들이 늘 금융시장 상황을 주시할 수는 없는 노릇이다. 나 역시 이것저것 여러 시도를 해봤지만 투자 정석대로 실천에 옮기기는 쉽지 않았다. 숱한 투자 대가들이 조언했듯이 가장 행복하면서도 마음 편한 투자는 매달 일정한 날에 일정 금액을 사도록 펀드 자동이체를 걸어놓고 잊고 지내되, 주가가 대폭락했다는 뉴스가 나오면 그때 여윳돈을 추가 불입하는 방식 같다.

소는 잃었어도 외양간은 고쳐라

자동차는 직접 타 보고, 화장품은 직접 발라 보고, 옷은 직접 입어 봐야만 그 진가를 몸으로 느낄 수 있다. 펀드도 마찬가지일 것이라고 생각했다. 기계적으로 기사를 쓰기보다는 실제 펀드에 가입해 보고 기사를 써야 더 생생한 내용을 담을 수 있을 것이라고 욕심을 냈다. 그래서 펀드 신상품이 나오면 끌리는 대로 다 가입했다.

지금 돌이켜보면 정말 무모한 시도였지만 덕분에 공부는 많이 했다. 1999년 바이코리아 펀드 열풍이 불었을 때 상투를 잡아서 마음

고생을 한 후에 비슷한 실수는 절대 저지르지 않으리라 결심했는데, 똑같은 실수를 반복하고 있는 나를 발견하니 허탈했다. 투자에 손실 가능성이 따라다닌다는 건 잘 알고 있었지만, 허리띠를 졸라매고 차곡차곡 모았던 돈이 물거품처럼 사라졌을 때의 충격과 허탈감은 이루 말할 수가 없었다.

그러나 투자에 실패했다고 해서 자책할 필요는 없다. '차라리 그 돈으로 여행이나 갈 걸' 혹은 '그냥 명품 가방이나 사는 건데' 하며 후회하는 건 아무 도움이 되지 않는다.

옛말에 '원숭이도 나무에서 떨어질 때가 있다'고 하지 않았던가. 역사 속에 이름을 남긴 위대한 투자가들도 인생을 좌지우지할 만큼 큰 실수나 실패를 한 경험을 갖고 있다. 중요한 건 '실수를 하느냐 안 하느냐'가 아니라 '실수를 통해 무엇을 배울 것이냐'다. 작은 실수를 두려워하지 말고 실수를 받아들여 빨리 고쳐간다면 더 큰 성과를 얻을 수 있다는 얘기다. 손실의 늪에 빠져 허우적대고만 있어서는 발전이 없다.

비관적인 사람은 투자를 해도 돈을 벌기가 쉽지 않다. 토론을 하면 비관론자가 이기지만 돈은 낙관론자가 버는 법이다. 투자했다가 돈을 까먹었다는 이유 하나만으로 은행 예금처럼 무조건 안전한 금융상품 위주로만 돈을 굴리겠다는 생각은 낙제점이다. 고정관념이나 특정 습관에 이끌려 안일하게 돈을 관리하면 풍요로운 노후는 기대할 수 없다. 물론 손실을 입었던 아픈 경험을 또다시 반복하지 않으려면, 내 자유는 일정 기간 저당 잡히고 부지런히 공부해야 한다.

우연히 서점에서 《주식투자에 실패한 사람들을 위하여》란 제목의 책을 봤다. 저자 자신이 주식투자로 크게 실패해 본 경험이 있는데, 이를 토대로 책을 썼다고 한다. 투자의 세계에서 실패는 둘도 없는 소중한 경험이다. 실패야말로 가장 값진 교훈이자 든든한 자산이 될 수 있다. 잠깐 동안의 금전적인 손해는 앞으로 펼쳐질 길고 긴 투자 인생에 있어 쓰지만 몸에 좋은 약이 된다. 물론 이미 한 번 지나온 굴곡의 과정을 계속해서 반복하는 건 곤란하겠지만!

과거는 훌훌 털어버리자. 그 어떤 미련도 갖지 말자. 큰돈을 잃었다고 해서 부화뇌동하거나 안절부절못하면 투자의 세계에서는 승자가 될 수 없다. 손해를 봤다고 해서 계속 뒤돌아보며 가슴만 친다면, 좋은 투자처가 바로 옆에 있어도 보이지 않는다.

물 건너면 무조건 대박? 해외펀드의 함정

우리나라는 단일민족으로 이뤄진 '믿음의 공동체'라는 국민적 특성 때문인지 쏠림 현상이 무척 심하다. 다른 사람들이 나와 똑같은 생각을 할 때 비로소 안심하고 확신을 갖는다. 쉽게 달궈지고 쉽게 식기 때문에 '냄비 근성'이라는 별명도 틀리지 않다.

해외펀드 열풍이 크게 몰아쳤던 지난 2006~7년을 돌이켜보자. 모두들 집단 최면에라도 걸린 것처럼 '찍으면 돈이다'라고 외치며 해외펀드 시장에 뛰어들었다. 지구촌 오지라도 눈과 발보다 돈이 먼저 갈 수 있는 세상이 되었다며 환호성을 질렀다. 심지어 푸른 초원과 사자가 가장 먼저 떠오르는 아프리카에 투자하는 펀드까지 등장했다.

분산투자가 투자의 미덕이라지만, 이런 허울 좋은 핑계 때문에 해외펀드 투자에 나섰던 많은 투자자들이 쓴맛을 봐야 했다.

해외펀드에 투자할 때 우리가 쉽게 간과하는 셈법이 하나 있다. 투자처를 제대로 모른다는 사실이다. 해당 지역에 가본 적도 없는 투자자가 향후 전망이나 성장 가능성 등을 알아내기란 거의 불가능에 가깝다. 워런 버핏을 비롯, 투자 대가들은 본인이 잘 아는 대상만 골라서 집중적으로 투자한다. 잘 아는 대상이 아니면 애당초 투자하지 않는다.

자, 그렇다면 우리가 가장 잘 아는 투자 대상은 어디겠는가. 바로 한국이다. 신토불이身土不二란 말은 투자에도 적용된다. 사실 한국 시장과 비교해서 다른 나라가 큰 비교 우위를 가지는지도 의심스럽다. 물론 보유한 재산이 많고 포트폴리오를 분산하는 차원에서 해외에 투자해야 하는 경우가 있을 수 있다. 이때도 아주 조금씩만, 최소한의 금액으로 한정하는 게 좋겠다. 아무리 잘 안다고 해도 국내 사정만큼 훤하게 알 수는 없기 때문이다.

펀드와의 이별을 고려해야 할 때

"목표 수익을 올렸으면 돈을 빼야지 왜 가만히 있나요?"

서울 압구정동의 한 증권사 지점장은 인터뷰 자리에서 대뜸 우리나라 투자자들의 잘못된 장기투자 태도에 일침을 가했다. 많은 사람들이 기린처럼 목을 길게 빼고 그냥 무작정 기다리는 것이 장기투자라고 생각한다는 것이다.

펀드 투자에 대해 물어보면 이렇게 답하는 사람들이 많다.

"난 그냥 꾹 참고 10년간 묻어두기로 했어."

"펀드는 반드시 3년 이상 투자해야 한다던데."

하지만 이런 식의 생각은 무모하기 짝이 없다. 이런 건 장기투자라기보다 사실상 장기투자를 가장한 '방치'다. 손실을 확정하면 너무나도 마음이 아프기 때문에 장기투자가 싫으면서도 본의 아니게 관계를 질질 끄는 것이다.

물론 그렇다고 해서 단기적으로 펀드를 사거나 팔아서 이익을 남기는 것이 좋다는 얘기는 아니다. 금융회사 직원이 "펀드는 여윳돈으로 무조건 장기투자해야 하는 상품입니다"라고 펀드 환매를 말린다고 해서 그 말만 철석같이 믿고 아무 의심도 하지 않는 '예스 투자자'가 되어서는 곤란하다.

가입 중인 펀드에 애착을 느끼는 것까지 뭐라고 할 수는 없겠지만, 이별해야 할 시기가 왔다면 헤어질 줄도 알아야 한다. 금융회사는 우리 편이 아니므로 제대로 된 도움을 받기는 힘들다. 그들은 주가 등락과는 상관없이 늘 장기투자를 외치니 말이다.

가령 이런 식이다. 주가가 오르면 앞으로 전망이 더 밝으니까 장기투자를 해야 한다고 말한다. 반면 주가가 내리면 싼값에 주식을 끌어모아 나중에 더 큰 수익을 챙길 수 있다면서 장기투자를 외친다. 심지어 시장이 한풀 꺾였는데도 강세로 돌아설 것이라는 전망에 방점을 찍으면서 상투를 잡으라고 부추긴다.

묻어둬야 장맛? 그러다 상해요

금융회사들은 이별 신호를 따로 보내주지 않는다. 그러니 투자자

스스로 자금 유출입 상황이나 매니저 교체 여부를 정기적으로 체크하면서 판단을 내려야 한다. 예컨대 비슷한 그룹에 속하는 다른 펀드에 비해 수익률이 저조하거나 상승 여력이 낮다면 가차 없이 버려야 한다.

나 역시 철새 펀드매니저에게 실망해서 냉정하게 펀드와 이별한 경험이 있다.(고객에게는 장기투자를 권하면서 정작 자신은 월급을 올려준다고 하면 바로 옮겨버리는 철새 펀드매니저들이 참 많다.) 원래는 장기투자 목적으로 길게 내다보고 가입했는데, 2년 만에 부랴부랴 중도해지해야 했다.

내가 가입했던 펀드는 6개월 수익률이 다른 동종 상품에 비해 부진했다. 어느 날 펀드 수익률이 부진한 이유가 너무 궁금해서 해당 운용사에 직접 전화를 걸어 물어봤다. 그러다 최근 들어 불미스러운 사건들이 연이어 터지면서 운용사 내부 분위기가 매우 뒤숭숭해졌다는 사실을 알게 됐다. 해당 펀드의 운용사가 다른 회사로 합병되면서 유능한 매니저들이 많이 떠났고, 그래서 펀드 관리가 제대로 되지 않았던 것이다. 다음날 나는 미련 없이 그 펀드를 버렸다.

장기투자를 해야만 제대로 된 바른생활 투자를 하는 것이라고? 금융회사들이 시도 때도 없이 세뇌한 탓에 장기투자를 하지 않으면 마치 죄를 짓는 것 같다는 죄책감에 빠지는 이들도 많을 것이다. 하지만 소비자에게 자칫 손해로 돌아올 수도 있는 장기투자 개념에 너무 얽매이지 말기를 바란다.

워런 버핏도 추천한 인덱스펀드

펀드를 고를 땐 과거 수익률만 따질 것이 아니라 추가로 비용을 얼마나 내야 하는지도 꼭 따져봐야 한다. 가랑비에 옷 젖듯 야금야금 빠져나가는 각종 비용이 나의 소중한 수익률을 갉아먹기 때문이다.

사실 투자자 입장에서는 돈을 비싸게 지불하더라도 상대방이 그만큼의 대가를 제공해 준다면 하나도 아깝지 않거나 아니면 하찮게 여겨질 수도 있다. 다른 펀드보다 높은 수익을 내주기만 한다면 비용이 다소 들더라도 너그럽게 눈감아줄 수 있을 것이다. 하지만 펀드는 내가 낸 비용에 상응하는 대가가 항상 돌아오는 상품이 아니다. 투자자 입장에서는 비용이 많이 드는 상품에 가입하면 마이너스 장사가 될 확률이 높다는 얘기다.

한국인들이 한때 열광하면서 가입했던 해외펀드를 예로 들어보자. 증권업계에는 해외펀드는 3년 이하로 아주 짧은 기간만 투자해야 손해 보지 않는다는 얘기가 돌아다닌다. 왜일까?

해외펀드는 보통 연간 비용으로 3% 정도가 빠져나간다. 즉, 투자자는 3년 동안 10%에 육박하는 돈을 내야 하는 것이다. 투자자가 억울하다고 느끼지 않으려면, 운용사는 값비싼 비용을 상쇄할 만큼 높은 수익률을 올려줘야만 한다. 하지만 그건 말처럼 쉽지 않은 법. 게다가 국내펀드는 세금이 없지만 해외펀드는 이익이 나면 15.4%의 세금을 내야 하고, 운용사들은 세금 부분만큼 추가 수익을 더 내야 하니 이래저래 이중고다.

그래서 투자 대가들은 개인에게 적합한 투자 수단으로 '인덱스펀

구분	비용	1년 수익률
창구 전용 : 삼성인덱스프리미엄펀드(클래스A)	선취 수수료 1%, 연 0.59%	35.80%
온라인 전용 : 동부해오름인덱스펀드	선취 수수료 0.03%, 연 0.165%	38.37%

드Index Fund'를 꼽는다. 인덱스펀드는 지수 움직임에 따라 수익률이 결정되는 펀드다. 비용이 적게 들기 때문에 오래 묻어둘수록 위력을 발휘한다. 증시가 하락세로 돌아설 때도 여러 자산에 분산하여 투자해 놨기 때문에 변동성이 낮아 수익률은 어느 정도 유지된다. 대외 수출이 힘들어져서 삼성전자 주가가 떨어져도 내수주인 신세계가 받쳐주는 식이다.

그런데 우리 주위에 인덱스펀드에 가입한 사람은 생각만큼 그리 많지 않다. 반면 우리보다 투자 문화가 발달한 미국에서는 인덱스펀드 판매 비중이 전체 펀드의 30%에 달한다. 인덱스펀드로는 금융회사가 챙길 수 있는 수수료 수입이 넉넉하지 않다 보니 이익을 내야 하는 금융회사들이 적극적으로 팔지 않은 탓이 크다.

정리해 보면, 인덱스펀드의 장점은 크게 두 가지다. 투자 수익률을 깎아내릴 수 있는 비용(수수료)이 적다는 점과, 개인 투자자가 범하기 쉬운 '몰빵 투자'를 피할 수 있다는 점. 또한 인덱스펀드는 운용 방식이 대동소이하기 때문에 펀드 간에 수익률 격차가 거의 없다. 그냥 마음 편하게 하나 고르면 된다.

한 가지 팁을 보태자면, 오프라인 창구보다는 온라인으로 판매하는 인터넷 전용 인덱스펀드를 가입하는 쪽이 비용 측면에선 가장 유리하다.

인덱스와 액티브를 골고루 담아라

그렇다고 해서 인덱스펀드가 라이벌인 액티브펀드Active Fund(펀드 매니저가 지수 대비 초과 수익을 내기 위해 종목을 선택해 운용하는 펀드)보다 훨씬 훌륭한 상품이라는 건 아니다. 두 상품은 목표도 운용 방식도 다르다. 각각 장단점을 갖고 있기 때문에 둘 중에서 하나만 선택하긴 힘들다. '인덱스펀드가 좋니, 액티브펀드가 좋니?'란 질문은 '엄마가 좋니, 아빠가 좋니?'란 질문이랑 똑같다. 이런 질문에는 정답이 없지 않은가.

인덱스펀드에도 단점은 분명 있다. 강세장에서는 특정 종목군에 집중하는 공격적인 액티브펀드에 비해 수익률이 낮게 나올 수 있다. 주가 급상승기의 인덱스펀드 성적표는 너무나도 초라하다. 그래서 인덱스펀드만 100% 들고 가는 것이 썩 좋은 전략은 아니라고 지적하는 사람도 많다. 인덱스펀드만 고집하기보다는 상승장에서 많이 오를 수 있는 액티브펀드도 양념처럼 적절하게 섞으면 좋다는 것이다. 가령 전체 자산 중 60~70% 정도는 인덱스로 가져가고, 나머지는 액티브펀드에 투자해 초과 수익을 노리는 식이다. 거꾸로 액티브펀드만 잔뜩 편입한 투자자라면 인덱스펀드 비중을 늘려 적절한 조화를 꾀하는 것이 좋겠다.

수수료가 착한 상장지수펀드

대형 자산운용사 본부장 G씨. 그는 직장인이 '가장 싸게' 활용할 수 있는 재테크 수단으로 상장지수펀드ETF(Exchange Traded Fund)를 추천했다. 여윳돈이 생길 때마다 종합주가지수에 연동되는 ETF를 사서 조금씩 모으라는 것이다. G씨 자신도 ETF로 재테크를 하고 있다고 했다.

"종합주가지수는 '대한민국 주식회사'의 가격표라고 볼 수 있죠. 대한민국 주식회사에 투자하는 방법에는 여러 가지가 있겠지만, 샐러리맨이 가장 저렴하면서도 쉽게 이용할 수 있는 투자법은 바로 코스피200(한국을 대표하는 주식 200개 종목의 시가 총액을 지수화한 것)를 추종하는 ETF을 사는 겁니다."

ETF는 인덱스펀드보다 비용을 더 아끼면서 투자할 수 있는 수단이다. 쉽게 말하면, 인덱스펀드를 주식시장에 상장시켜뒀다고 보면 된다. ETF는 거래 비용이 참 착하다. 일반 주식형 펀드의 비용이 2% 안팎인 데 반해 ETF는 대부분 0.6% 안팎이다. 펀드여서 주식을 팔 때 내는 증권거래세(0.3%)도 면제된다. 주식처럼 시장에 상장돼 있기 때문에 증권사 객장이나 홈트레이딩시스템HTS을 통해 거래하면 된다. 펀드처럼 별도로 가입하거나 해지하지 않아도 되고 실시간 거래가 가능하니까 편하다.

ETF는 갈수록 선택 폭이 넓어지고 있다. 전통적인 ETF뿐만 아니라 대기업, 원자재, 국고채, 금金 등 다양한 종목에 투자하는 ETF가 나와 있다. 주가가 떨어질수록 수익이 나는 인버스ETF도 등장했다.

ETF 투자가 익숙해지면 내가 직접 펀드매니저가 되어 메뉴판을 짜볼 수도 있다. 주가가 평탄한 움직임을 보일 땐 종합주가지수를 추종하는 ETF에 투자하다가 주가가 떨어질 것 같으면 지수와 반대로 움직이는 인버스ETF에 투자해 수익을 노리고, 주가 급등이 예상

	원금 대비 이익률	
	일반 펀드 (연 비용 3%)	ETF (연 비용 0.66%)
투자 기간 3년	12.10%	20.11%
투자 기간 5년	20.97%	35.71%
투자 기간 10년	46.36%	84.19%

된다면 지수 변동 폭의 두 배로 움직이는 레버리지ETF를 활용하는 식이다. ETF는 아파트 투자와 비슷해서 거래량이 많지 않은 종목을 고르면 나중에 팔지 못해 환금성 확보에 곤란을 겪을 수 있으니 주의해야 한다.

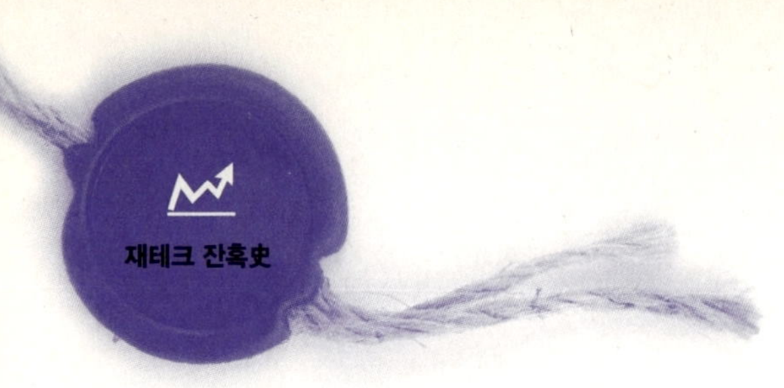

주식 X파일
총성 없는 전쟁, 주식 투자에 대한 모든 것

주식투자에 대한 가이드 기사를 쓸 때 지겨울 만큼 기계적으로 반복해야 하는 문구 몇 가지가 있다. 묻지마 투자는 피할 것, 여윳돈으로 투자할 것, 우량주에 장기투자할 것 등등. 이런 경고성 문구들은 워낙 여기저기서 많이 언급되니까 귀에 못이 박히도록 들었다, 더 이상 듣기 싫다고 불평하는 사람도 많으리라 짐작된다. 그런데 이렇게 무한 반복되는 경고에도 불구하고 사람들은 그다지 영향을 받지 않는 것 같다. 무모하게 투자한 바람에 큰 손해를 보는 사람들은 매년 어김없이 쏟아져 나오니까 말이다. 세계적인 투자 대가들의 따끔한 충고를 들으면 지당하신 말씀이라고 고개를 끄덕이면서도, 정작 몸으로는 정반대의 일을 저지르는 투자자들은 늘 차고 넘친다.

특히 일반 직장인들이 주식과 관련한 비상식적인 행동을 가장 많이 저지른다. 아무래도 너무나 예측하기 쉬운 '빤한' 삶을 살기 때문이 아닐까 싶다. 그래서 회사 선배들이 주식에는 평생 손도 대지 말고, 주식을 멀리하고 살수록 정신건강에 좋다고 조언하는지도 모른다. 주식 때문에 자살까지 심각하게 고민해 봤다는 투자자들은 하나같이 '주식 안 하는 게 최고 행복한 삶'이라고 입을 모은다.

주식은 예금과 비교하면 분명히 위험한 금융상품이다. 오늘 투자했는데 내일 몽땅 까먹을 수 있는 위험이 항상 숨어 있다. 주식 관련 책을 100권 넘게 읽었다고 해서 성과가 정비례하지도 않는다. 피 같은 내 돈이 줄어드는 걸 마음 편히 지켜볼 수 있는 사람이 세상에 몇 명이나 되겠는가. 아마 한 명도 없을 것이다.

모르는 게 약이다? 요지경 주식세상

그래서 주식투자에 대한 기사를 쓸 땐 늘 조심스럽고 신중해지며, 그 어떤 확신도 최대한 자제한다. 신도 아닌데 누가 정확하게 미래의 주가를 맞히겠는가. 재테크팀장으로 일하면서 내로라하는 주식전문가들을 많이 만나봤지만 그들의 전망이 100% 정확하게 맞아떨어진 적은 단 한 번도 없었다.

주식 서적을 수백 권 읽어서 이론적으로 신의 경지에 올랐다 해도 경험으로 깨우치기 전까지는 이길 수 없는 게임이 바로 주식이다. 100% 확신 속에서 수익을 좇을 수도 없다. 절제력이 없다면 아무리 사고파는 실력이 출중해도 수익을 내기 힘드니, 주식 이야기에는 귀도 기울이지 않는 것이 상책이다. 하지만 친구 말만 믿고 주식에 투자했다가 왕창 까먹은 게 불과 3년 전인데 지금 옆자리 동료가 '너만 알고 있어야 한다'며 속삭이는 말을 들으면 '이번엔 다를 거야, 한 번 사볼까' 하는 마음이 꿈틀대니 주식은 요물이다.

주식이랑 완전히 담쌓고 살 수는 없는 노릇이다. 예금 같은 안전한 상품만 갖고서는 빤한 월급에 목돈을 마련하기가 쉽지 않다. 경쟁력 있는 기업에 대한 주식투자가 장기적으로 고수익을 가져다 줄 수 있는 자산 증식 방법인 것은 틀림없어 보인다.

주식의 세계에 발을 담가 보겠다면, 일정 부분 수업료를 낼 각오를 해야 한다. 처음 시작할 땐 날려도 아깝지 않을 정도의 금액, 이를테면 먹고 사는 데 별 문제가 안 될 만큼의 액수인 100만~500만 원 내에서 시작하면 좋겠다. 인생역전을 꿈꾸며 빚까지 내서 대박을 노리고 덤벼드는 어리석은 행동은 범하지 말기를 바란다. 주식으로 온갖 시행착오를 거쳐 득도한 사람들의 공통된 조언이니까.

회장님이 사시면 그때 물어라

2010년 기준 우리나라 코스피와 코스닥 시장에 상장돼 있는 주식 종목 수는 무려 1,900여 개. 이렇게 많은 주식들 중에서 될 성 부른 주식은 어떻게 골라내야 할까?

시중에 나와 있는 주식투자 관련 서적들을 몇 권 읽어봤는데, 복잡한 수식을 동원한 기술적인 분석법을 집중적으로 다룬 것이 대부분이었다. 알아두면 어떤 식으로든 도움이 되겠지만, 그런 기술적 분석이 100% 맞는 것도 아니어서 이렇다 할 감동을 안겨주진 않았다. 오히려 이런저런 자리에서 만나 알게 된 주식 고수들이 개인적으로 알려준 비공식적인 투자법들이 훨씬 유용하다는 생각이 든다. 주가란 기업의 실적이나 가치보다는 시장 참여자들의 심리가 더 큰 힘을 발휘할 때가 많으니까 말이다.

매년 주식투자로 한 달 용돈 정도는 번다는 대기업 A부장. 그는 "오너 회장님이 사시면 무조건 따라서 산다"고 말한다. 오너 회장님의 주식 쇼핑 소식을 공시 등을 통해 듣고, 눈 딱 감고 똑같은 가격에 사두면 나중에 돈이 된다는 것이다.

"생각해 보세요. 회장님 주변에는 얼마나 능력 있는 작전 참모들이 많겠습니까. 그런 회장님이 주식을 사들인다면, 나보다 두뇌 회전이 빠른 똑똑한 참모들이 전방위적으로 조사해서 결정했기 때문일 겁니다."

물론 이런 방식의 투자가 항상 성공하리라는 보장은 없다. A부장은 "회장님을 따라 산다고 반드시 성공하는 건 아니지만, 그래도 손해 볼 확률은 낮다"고 말한다.

대형 저축은행에서 일하는 B부장의 주식투자법은 이른바 '휴먼인덱스(인간지표)'다. 우리 주변에는 "돈이 나만 비켜간다"고 하소연하는 사람이 한두 명은 꼭 있다. 그가 주식을 팔면 바로 다음날부터 연일 '고고씽' 하고, 오랜 고민 끝에 그가 주식을 사들이면 다음 달부터 하한가 행진을 계속하는 그런 사람 말이다. "주변에 돈을 피해가는 데 일가견이 있는 사람을 휴먼인덱스로 삼아 잘 살펴보는 겁니다. 당사자에게는 좀 미안하지만 투자 타이밍을 결정할 때 참고로 하면 도움이 된답니다."

카드사에서 일하는 C상무는 주식을 살 때 달력부터 챙겨 본다. 매도 타이밍을 정해 놓기 위해서다. 그러니까 만약 2월에 주식을 산다면 앞으로 10개월 후인 12월에는 무슨 일이 있어도 다 팔겠다고 미리 결심한다는 것이다. 주식을 매수하는 시점을 미리 정하는 건 많이 봤는데, C상무는 매도 시점까지 사전에 정해 두고 투자하는 원칙을 갖고 있어서 특이했다. "매도 타이밍을 정해 두면 중간에 어떤 일이 생기더라도 꿋꿋하게 이겨낼 수 있어요. 물론 처음 주식을 살 때 회사의 내재적인 가치를 잘 따져서 사야 하는 건 기본이죠."

보험사에서 일하는 D팀장은 일단 50만 원이든 100만 원이든 없어도 되는 돈으로 실전 투자부터 경험해 보라고 권한다. 소액이라도 돈을 번 경험을 바탕으로 심리적 우위를 확보한 후 투자에 나서야 한다는 것이다.

"주식으로 손해 보지 않으려면 예습이 필수라고 하잖아요. 하지만 당장 투자할 것도 아닌데 꾸준히 관심을 갖는 게 쉬운 일은 아니죠. 조금씩이라도 돈을 넣어놔야 관심을 갖게 되는 법입니다. 일단 내 돈이 들어가면 관심의 강도가 달라지거든요. 1만 원이든 100만 원이든, 손해를 보는 것 같다 싶으면 눈에 불을 켜고 지켜보게 되는 게 사람 심리입니다. 이렇게 열심히 시장 흐름을 따라가다 보면 자연스럽게 주식투자에 대한 눈이 트이게 되지요."

만약 이렇게 철저히 준비하고 도전했는데도 실패한다면 주식 직접투자는 할 필요가 없다고 D팀장은 조언한다.

부동산형 DNA로 접근하라

증권업계 투자 전략가들은 사석에서 "부동산 전문가들이 참 부러워요"라고 말한다. 주식만큼 변동성이 심하지 않고, 두 눈으로 똑똑히 볼 수 있는 실물자산이어서 부럽다는 게 아니다. 수많은 사람들이 부동산은 3년 이상 장기투자해야 하는 자산이고, 주식은 한 달 안에 결판을 내야 하는 자산이라고 말하는 게 억울하다는 것이다.

가만 보면 대다수 투자자들이 부동산은 최소 3년 이상 장기투자해야 한다는 사실에 동의하고 출발한다. 가령 땅에 투자해서 돈을 벌려면 최소 10년은 버텨야 하고, 아파트 같은 것도 한 번 투자하면 5년 정도는 꾹 참고 기다려야 한다고 생각한다. 한 달 혹은 3개월 만에 결판을 내겠다며 부동산투자에 뛰어드는 사람은 없다.

그런데 이렇게 느긋하게 기다리면서 점잖게 투자하던 사람도 주식판에만 들어오면 난폭한 '헐크'로 빙의하고 만다. 주식을 매수한 바로 다음날부터 주가가 안 오르면 육두문자를 쓰면서 화를 낸다. 왜 이렇게 부동산과 주식에 대한 처세술이 다른 걸까?

일반인이 부동산과 주식에 각각 투자했을 때의 성공 확률도 뚜렷하게 차이가 난다. 우리 주변에 부동산에 투자해 돈 벌었다는 사람은 참 많다. 그런데 주식에 투자해서 큰돈 모았다는 사람은 의외로 찾기 힘들다. 상당수 사람들이 부동산보다 주식에 투자할 때 더 큰 어려움을 겪는다는 얘기다. '주식투자로는 왜 돈을 벌지 못할까'란 의문에 대해 월가의 전설적인 펀드매니저 피터 린치는 이런 답변을 제시했다. "사람들이 부동산에서는 돈을 벌고 주식에서는 돈을 잃는 데에는 이유가 있다. 집을 선택하는 데는 몇 달을 투자하지만 주식 선정은 수분 안에 끝내버리기 때문이다."

뚝심 갖고 길게 봐라

주식은 충동구매로 쇼핑했어도 도중에 아니다 싶으면 바로 '반품'할 수 있다. 시세도 단말기에서 수시로 조회할 수 있다. 이러니 애당초 투자할 때부터 깊이 연구해 보고 뛰어들지 않는다. 부동산에 비해 변동 폭이 크기 때문에 달콤한 수익의 유혹에 휘둘리기 쉽고, 투자자들은 머리만 조금 더 쓰면 큰돈을 벌 수 있을 것 같은 착각에도 빠진다. '카더라 통신'에 가장 민감하게 반응하게 되는 것도 역시 주식이다.

반면 부동산은 그렇게 하기가 쉽지 않다. 부동산은 카더라 통신으로 어떤 고급 정보를 알게 되었다고 해도 순식간에 반응하지 않는다.(물론 한번 움직이려면 워낙 큰 자본이 필요하니까 아예 엄두가 안 나서 그럴 수도 있다.) 호재가 가득해서 향후 가격이 아무리 많이 오를 것 같다고 해도 비이성적인 가격에 덜컥 사들이지는 않는다. 시세 변동이 심하지 않으니까 매일 조회해 보는 경우도 드물다.

이렇게 보면 부동산과 주식은 부자 유전자가 다르게 움직인다고 진단할 수 있겠다. 경쟁력이 있는 건 '부동산형 DNA'일 것이다. 주식도 부동산처럼 투자해서 단기 시세에 연연하지 않고 장기투자한다면 성공 확률은 더욱 높아진다. 부동산을 사거나 회사를 산다는 마음으로 주식에 투자하는 사람이, 되는 대로 사고팔지는 않을 것이다.

송승용 희망재무설계 컨설팅팀장의 조언을 들어보자.

"주식이나 펀드는 4~5년 원양어선을 탔다는 기분으로 잊고 지낸 사람들이 매일 주가나 펀드 기준가를 확인한 사람들보다 훨씬 높은 수익을 거둔 경우가 많았습니다. 부동산에 투자하듯 주식을 사면 성공 확률이 높아집니다."

이상직 이스타항공그룹 회장의 주식투자 성공 비결도 바로 부동산형 DNA에 있었다. 이 회장은 2000년 초 IT 붐이 일었을 때 주식에 투자해 큰돈을 번 입지전적 인물이다. 증권회사 직원으로 사회생활을 시작한 그는 37세에 상장기업을 인수했고, 이후 6년 만에 14개 자회사를 거느린 그룹으로 키워냈다.

그의 주식투자 성공 비결은 간단하다. 그는 주식을 사는 것은 그 회사를 사는 것이라는 확고한 가치관을 갖고 접근했다. 장기투자 관점에서 시장을 바라봤기 때문에 불안정할 수밖에 없는 개인이나 시장 심리에 크게 휘둘리지 않았다. "주식시장이 없어도 그 회사 주식을 사겠느냐고 물어봐서 사겠다는 대답이 나올 때, 바로 그때 그 회사 주식을 사야 합니다." 주식투자에 나설 땐 부동산형 DNA를 갖고 접근하겠다는 각오부터 다져야 한다.

요행수의 저주를 기억하라

'첫술에 배부르랴'라는 말이 있다. 처음부터 너무 많은 것을 기대하지 말라는 뜻이다. 그런데 살다 보면 뭔가 처음 시작할 때 행운이 줄줄 따라오는 경우가 있다. 고스톱도 왕초보가 판을 싹쓸이하고, 골프나 블랙잭도 처음 배운 날에 가장 잘된다.

주식도 예외는 아니다. 정말 주식의 주株 자도 모르고 뛰어들었는데 뜻밖에 큰돈을 벌었다는 믿기 힘든 이야기를 종종 듣는다. 초보자에게는 뜻하지 않은 횡재인 셈이다. 그러나 이렇게 초보 투자자가 주식으로 돈을 버는 건 사실 '재앙'이라고 보는 게 맞다. 고스톱이나 골프와 달리 주식시장에는 여러 함정들이 도사리고 있기 때문이다.

대형 금융회사의 J부사장은 우연히 친구에게서 '보름 동안 무조건 두 배로 불어날 종목'이라는 얘기를 듣고 아버지에게 귀띔해 주었다. 아버지는 속는 셈 치고 한 번 투자해 보라고 돈을 주셨고, J부사장은 해당 주식을 860원에 1만 주 샀다. 친구가 알려준 정보는 1급 정보였다. 2주 동안 딱 두 배가 올랐다. 의기양양해진 J부사장은 2주 후에 더블로 뻥튀기한 돈을 아버지께 가져다드렸다. 아버지는 "860만 원이 14일 만에 1,720만 원이 되다니! 세상에 이렇게 쉬운 돈벌이도 있느냐"면서 신기해하셨다.

그러나 이런 행운이 J부사장 아버지의 인생을 송두리째 바꿔버렸다. 주식에 푹 빠져버린 것이다. 부인의 잔소리와 아들의 만류는 아랑곳 않고, 매일 증권사 지점에서 살다시피 했다. 아버지가 돌아가신 뒤 J부사장은 주식을 한가득 물려받았는데, IMF 외환위기로 부도가 나서 휴지조각이나 다름없는 은행주 일색이었다고 한다. J부사장은 아버지가 생전에 주식으로 벌어들인 돈보다 잃은 돈이 더 많을 것이라며 쓴웃음을 지었다.

우연히 주식에 투자해 돈을 벌게 된 것이 좋아할 일만은 아니다. 초짜의 행운은 오히려 독이 될 수 있다. 아무 생각 없이 루머에 의존해 샀는데 운 좋게 돈을 벌면 당장은 좋겠지만, 장기적으로는 좋지 않은 습관만 만들 개연성도 높다. 나중에 큰 손해를 볼 가능성이 99.99%다. 정보력과 실탄으로 무장하고 전쟁터에 출전하는 전문가들조차 기복이 있어 항상 돈을 벌지는 못하거늘, 하물며 아무 실력도 없는 초보 투자자는 어떠하겠는가.

얼음나라 국민들의 성공 기술

우리나라 주식시장은 거칠다. 총성 없는 전쟁터를 방불케 한다. 물론 매일 새로운 뉴스를 공급해야 하는 기자 입장에서는 고마운 부분이기도 하다. 주식시장이 평화롭고 평탄하게만 움직인다면 기사 쓰기가 정말 어려울 테니 말이다. 늘 기사 소재에 목말라하는 기자에게는 우리나라 주식시장의 역동성이 감사하다.

가령 테마주를 예로 들어보자. 한국처럼 온갖 테마가 주목받는 나라도 없을 것이다. 한국인은 특성상 한탕 투자, 반짝 투자 같은 것을 좋아하기 때문에 큰돈을 벌려면 테마주에 적당히 편승하여 투자해야 한다고 조언하는 전문가가 있을 정도다. 우주나 바이오, 환경, 원전 등 특정 테마는 무대에 올라서자마자 좌중을 압도하면서 술렁이게 만든다. '테마=상한가'라는 공식까지 만들어낸다. 하루에도 수익률이 수십 퍼센트 왔다 갔다 하니까 돈을 벌기 위해 주식판에 뛰어든 투자자 입장에서는 혹할 수밖에 없다.

운 좋게 '명품 테마'를 잡으면 돈을 벌 수도 있지만 자칫 잘못해 '짝퉁 테마'라도 잡으면 그 고통은 이루 말할 수가 없다. 기업 실적을 따져보지 않고 테마에만 편승하면 '깡통 종목'을 선택하는 우愚

를 범하기 쉽다.

우리나라 주식시장은 시시각각 변하기 때문에 직장인들이 직접 주식에 투자해서 돈을 벌기란 하늘의 별따기다. 주식투자는 여가시간에 한가하게 해도 될 만큼 쉬운 것이 아니기 때문이다. 명문대를 나와 잘 다니던 직장을 때려치우고 전업투자자가 되겠다며 뛰어들었다가 결국 돈만 날리고 실패하는 사람도 부지기수다. 생업에 전념해야 할 직장인이 직접투자로 에너지와 시간을 쏟는 바람에 승진에서 탈락했다는 애기도 심심치 않게 들린다. 주부들도 마찬가지다. 남편과 아이들 뒷바라지만 해도 하루하루가 바쁜데 주식투자에 신경 쓰다 보면 아이들의 성적은 고꾸라지고 남편의 양복과 와이셔츠는 구겨진다. 말 그대로 집안이 피폐해진다.

세계적인 투자 대가들의 성공 비밀

미국이나 유럽 등에서 방한하는 투자 대가들의 전공을 유심히 살펴본 적이 있다. 그런데 의외로 철학이나 역사, 심리학 등 인문학을 전공한 경우가 많았다. 경제학이나 경영학 전공자가 많을 것 같았는데 그렇지 않았다. 가령 세계 최대 채권운용사인 미국 핌코PIMCO의 빌 그로스는 듀크대학교 심리학과를 졸업했다. 투자의 세계에서는 대중들의 심리를 잘 읽어내고 이를 나름대로 분석해서 행동(사고팔기)하는 것이 성패를 좌지우지하기 때문인 것 같다.

스포츠 대회도 마찬가지 아닐까. 경기 마지막 날 심리적인 압박감을 이기지 못해 우승 문턱에서 좌절하는 선수가 있는가 하면, 우승에 대한 심리적인 부담감에서 벗어나 편안하게 자신의 능력을 제대로 발휘하고 우승컵을 거머쥐는 선수도 있다.

주식시장은 기계가 아니다. 수많은 사람들이 여러 동기에 의해 주식을 사고파는 변화무쌍한 장場이다. 어떤 도식화된 법칙에 따라서만 투자하는 것은 무모하다. 더구나 생업이 있는 월급쟁이는, 책상 위에 컴퓨터를 여러 대 올려놓고 사고팔기를 반복하는 무림의 고수들을 당할 재간이 없다.

시골의사로 잘 알려진 박경철 원장의 조언을 되새겨보자. 박 원장은 "주식투자로 성공하려면 피도 눈물도 없는 인간이 돼야 한다"고 말했다. "성질도 나쁘고, 모니터 앞에서 카멜레온이 될 수 있어야 하고, 감정적이지 않은 사람이어야 한다"는 것이다. 착하고 순수한 사람은 주식투자로 성공하는 것이 불가능하다는 게 그의 생각이다.

백전백승 족집게 도사는 없다

대다수 투자자들은 증권사 애널리스트들이 내놓는 보고서를 많이 참조한다. 일종의 주가 전망용 나침반인 셈이다. 그런데 억대 연봉을 받는 애널리스트라지만 예측이 틀릴 때가 많다. 최첨단 이론과 정교한 기법을 이용해 정밀하게 계산하는데도 말이다. 왜 그럴까?

2010년 초에 한 증권사 애널리스트가 국내 애널리스트들의 기업 실적 전망이 얼마나 빗나갔었는지를 고백하는 '고해성사'를 해서 화제가 됐다. 애널리스트들의 전망이 자주 틀리는 이유에 대해 그는 "실적 전망에도 관성慣性의 법칙이 작용하기 때문"이라고 실토했다. 전망을 내놓기 직전의 기업 실적이 좋은 경우에는 향후 전망도 낙관적으로 하고, 반대의 경우에는 비관적으로 전망하기 쉽다는 것이다. 돌이켜보면 IMF 외환위기나 금융위기 직후에는 대다수 애널리스트들이 다음해 실적을 몹시 부정적으로 예상했었다.

똑똑한 주식투자자라면 애널리스트의 전망은 전망일 뿐 그 이상도 그 이하도 아니라는 점을 알아야 한다. 무조건적인 맹신은 피해야 한다. 주가 움직임에 따라 박쥐처럼 움직이면서 무조건 "사라"고만 외칠 뿐 과감하게 "팔라"고 권하는 애널리스트는 없지 않은가.

한 중소기업의 IR(투자자 관계 기업 설명 활동) 담당자는 "애널리스트라고 해서 다 훌륭한 건 아니더라"면서 "어떤 애널리스트는 보고서가 어찌나 허술하던지, 저런 걸 써놓고 어떻게 억대 연봉을 받나 하는 생각이 든 적도 있다"고 털어놨다.

경제 환경은 수시로 변한다. 당장 내일 일을 전망하기도 어려운데 한 달 뒤를 정확히 내다본다는 건 불가능에 가깝다. 시장에서 최고라는 프로조차도 몇 개월 만에 첫 주장을 번복하는 실수를 범하기도 한다. 하긴 사람이 하는 일이니 애널리스트들이 나침반처럼 항상 정확해야 한다고 말하는 건 무리일 것이다.

그렇다면 전문가들의 전망과 예측을 무조건 무시해 버리는 게 능사일까? 그건 절대 아니다. 전문가들의 의견을 냉철하고 객관적으로 분석하여 참고하면 된다. 곧이곧대로 믿지 말고 자신의 잣대를 갖고 판단하면 된다. 투자자 본인이 시장의 흐름을 꿰뚫고 있다면 전문가들의 전망이 틀리더라도 손해를 보지 않는다.

빈 수레일수록 요란하다

"주가가 치솟으면 증권사 객장이 아니라 화장실부터 꽉 찹니다. 왜일까요?"

증권사 임원 T씨가 나를 만나자마자 대뜸 던진 질문이다.

"주식으로 돈 번 사람들이 혼자만 몰래 웃으려고 화장실에 가는 거랍니다."

나는 말뜻을 바로 이해하지 못해 어리둥절해했다. 그런 나의 모습을 보고 T씨는 차분히 해설 박스를 써줬다.

"투자자가 지켜야 할 원칙을 말하는 겁니다. 아무리 돈을 많이 벌었다고 해도 주변에 소문은 내지 말아야 합니다. 얼굴에 표정이 하나도 나타나지 않아서 속을 전혀 가늠할 수 없는 '포커페이스'를 시종일관 유지해야 해요."

그제야 나는 무슨 말인지 깨닫고 무릎을 쳤다. 사실 "내가 주식으로 재미 좀 봤어. 오늘 저녁은 내가 쏠게"라는 식의 말을 남발하는 사람 치고 진짜 큰돈 번 사람은 없다.

개인들은 주가가 급등하면 금방이라도 통장에 돈이 불어날 것만 같은 착각에 빠진다. 남에게 자랑하고 싶어 몸을 들썩거리고, 남보다 내가 뭔가 잘한다는 쾌감에도 휩싸인다. 급기야 친구들을 만나 크게 한턱 쏘고, 평소에 갖고 싶었던 값비싼 옷이나 가방을 지르기도 한다. 자고로 주식투자 수익이란 통장으로 돈이 들어와야만 비로소 현실화되는 것이다. 아직 주식을 팔지도 않았는데 머리로만 주식투자 수익률을 계산해 보고 술값을 쏘는 것은 섣부른 행동이다. 운 좋게 사들인 주식이 큰 수익이 나더라도 진짜 매도해서 통장 잔액으로 찍히기 전까지는 아무에게도 말하지 말고, 액션도 취하지 말아야 한다.

돈 벌었다고 호기 부려봤자 '돈 좀 빌려 달라'는 성가신 부탁만 계속 들어올 뿐, 본인에게 득得 될 것은 하나도 없다. 돈은 남들이 보지 못하는 곳에서 조용히 오기 때문에 주위에 시끄럽게 돈 있다고 떠들어대면 내게 꼭 와야 할 돈도 오지 않는다. 돈 자랑 안 한다고 돈에 두 발이 달려서 도망가는 일은 없다.

열심히 투자한 당신, 가끔은 떠나라

증권사에서 일하는 직원들은 부자일까 아닐까? 대박을 터뜨리는 사람도 간혹 있긴 하겠지만 사실은 정반대인 경우가 더 많다. 이유는 간단하다. 증권사 직원들은 직업 때문이라도 주식시장에서 잠시도 벗어나 있을 수가 없다. 상승장에서도 하락장에서도 쉴 새 없이 배팅하고 있어야 한다. 돌아가는 시장 분위기나 기업 가치 따위를 고민할 틈이 없다. 투자도 분명히 쉼표를 찍어야 할 때가 있는데도 말이다.

나 지금은 어떻게 투자해야 할까요? 바닥 근처니까 사야 하나요?

모 증권사 홍보팀장 아닙니다. 쉬는 것도 투자예요. 주가가 반등 줄 때마다 빨리 처분해서 현금부터 확보하세요.

나 어머, 정말이에요? 그런 내용으로 기사를 써도 되나요?

모 증권사 홍보팀장 절대 안 됩니다. 우리 사장님이 주가 3,000 간다고 말씀하셨는데, 제가 한 말이 기사로 나가면 저 목 날아가요.

증권가 사람들은 개인적으로 만나면 '지금은 느긋하게 쉬면서 기다려야 할 때'라는 조언도 곧잘 들려준다. 하지만 이런 충고는 어디까지나 사적인 차원에 머물 뿐이고, 공식적인 인터뷰 자리에서는 최대한 삼간다.

《나는 400만 원으로 10억 벌었다》라는 책을 출간한 나눔투자자문의 김동일씨는 1년에 딱 두 번만 투자한다. 시장이 좋지 않을 때는 쉬는 게 정답이라는 생각에서다. 아무리 기초체력이 튼튼한 대형 우량주라고 해도 대외적인 변수에서는 자유로울 수 없다. 주가는 시장과 동행하기 때문에 장이 좋을 땐 기업 가치만큼 평가받을 수 있지만 장이 나쁘면 제값을 받지 못한다. 때로는 한 발 물러서서 전체적인 상황을 조망해 보고, 달라진 상황에 맞는 새로운 그림을 그려야 할 때도 있는 법이다.

그동안의 투자 포트폴리오와 재테크 전략을 다시 한 번 점검하는 시기도 필요하다. 투자 환경이 예측할 수 없을 만큼 급변했다면, 중간중간 한 발짝 물러서서 큰 그림을 보려고 노력하는 자세가 중요하다. '장고 끝에 악수 난다'는 속설을 피하려면 쉬는 것이 최선이다. 거센 폭풍우가 몰아칠 때는 곳간의 씨앗부터 단단히 챙겨 놓아야 한다. 씨를 뿌리는 건, 비가 좀 갠 다음에 하면 된다.

현금 부자에게 배우는 투자 교훈

증권사에서 일하는 인사담당 임원을 우연히 만났는데 그는 주식 투자를 할 때 '1억 원 룰'을 꼭 지킨다고 했다. 현금 1억 원을 항상 통장에 넣어놓는다는 것이다. 여윳돈이 1억 원이 되지 않으면 어떻게 해야 하느냐고 물었더니, 충분한 여윳돈을 갖지 않은 상태니까 주식 직접투자에 뛰어드는 건 위험한 발상이라고 우려했다.

"현금 유동성을 확보해 놓고 주식을 시작하는 것과 돈 한 푼 없이 뛰어드는 건, 출발선부터가 천지 차이입니다. 현금은 일종의 안전장치예요. 어느 정도 갖고 있어야 주가가 급락하는 불행한 사태가 터져도 인내심을 갖고 기다리는 게 가능합니다. 적립식펀드나 정기예금 등으로 열심히 돈을 모아 여윳돈을 마련하려는 노력부터 해야 합니다. 무턱대고 주식에 뛰어들면 불필요한 희생을 치를 수 있어요."

어느 정도 공포감이 사라지고 시장이 초록색 신호를 보내기 시작하는데 총알(돈)이 없어서 주식을 사지 못한다면 말 그대로 그림의 떡이 아닐 수 없다. 1억 원 룰까지는 어려울 수 있겠지만, 주식투자자라면 반드시 현금 유동성을 일정 부분 확보해 둬야 한다.

부동산 X파일
기획부동산부터 경매까지 부동산 투자에 대한 모든 것

자산 8조 원대의 대형 저축은행 그룹을 이끄는 50대 오너를 만나 성공 비결을 물었다. 대답은 참으로 명료했다. "준비하는 자에게만 기회가 온다고 하죠? 제가 딱 그런 케이스였어요."

20여 년 경력으로 금융권에서 잔뼈가 굵은 그는 90년대 말 작은 신용금고(지금의 저축은행)를 사들이기 위해 매일같이 시장 조사를 했다고 한다. 마침내 마음에 드는 물건을 찾아 좀더 유리한 조건에 사기 위해 매수 시기만 가늠하고 있는데, '지금이다'라고 무릎을 칠 만한 천재일우 타이밍이 찾아왔다. 바로 IMF 외환위기가 터진 것이다. 찜해 놓은 물건 가격은 절반 가까이 폭락했고, 그는 매우 유리한 조건으로 신용금고를 사들일 수 있었다.

"안 그래도 사려고 한 물건이 외부 변수 때문에 값이 폭락했으니 얼마나 반가운 일입니까. 남들에게 IMF는 위기였지만 저에게는 절

호의 기회였습니다. 물론 그렇게 싼값에 살 수 있었던 건, 미리 시장 진입을 목표로 오랜 시간 준비해 왔기 때문이죠. 만약 아무 생각이나 관심도 없고 준비조차 하지 않았다면 가격이 50%나 떨어졌다고 해도 전혀 알지 못했을 테니까요.”

재테크는 삼척동자도 다 알 만한 기본 상식에서 출발한다. 거미도 줄을 쳐야 벌레를 잡는다. 준비하고 기다리면 돈 될 만한 물건이 자석에라도 붙은 것처럼 제 발로 찾아온다. 낚싯대를 던져놓고 항상 깨어 있으면 전혀 생각지도 못한 곳에서 대어大魚를 낚기도 한다.

부동산으로 돈을 벌려면 호황기보다는 침체기에 기회를 잡아야 한다. 모두가 부동산에 관심을 갖는 활황기에는 나눠 먹을 게 별로 없기 때문이다. 부동산에 대한 관심이 식을 때까지 좋은 물건을 찾는 지혜와 안목을 기르면서 기다려야 한다. 그러면 좋은 기회가 찾아왔을 때 스피디하게 낚아챌 수 있다. 남들은 돌다리를 건널까 말까 망설이면서 하염없이 시간만 보내고 있을 때, 때를 기다리면서 준비해 온 사람은 첫눈에 튼튼한 돌다리라는 걸 알아채고 단숨에 건너버린다.

과학하는 아파트 vs 철학하는 아파트

‘부동산투자는 과학’이라는 말이 유행하던 시절이 있었다. 아무리 전망이 불확실하다고 해도 과학적인 투자 기법으로 무장해 공략하면 성공할 수 있다는 게 골자다.

이에 대해 정봉주 하나은행 부동산팀장은 ‘새빨간 거짓말’이라고 거침없이 비난한다. 단순히 과거 통계만 주섬주섬 챙겨서 미래를 예측하는 것은 실패할 확률이 높다는 게 이유다. 실제로 부동산이 과학이라면 주변에 성공 사례들이 넘쳐나야 할 텐데, 현실은 딴판이다. 정 팀장의 주장은 명쾌하다. 이제 부동산 정보가 분에 넘칠 정도의 차별화를 가져다주는 호시절은 끝났다는 것이다.

"아주 오래 전으로 거슬러 올라갈 필요도 없어요. 10년 전과 지금, 정보의 전달 속도를 비교해 보세요. 10년 전에는 한 달 걸려야 전달될 정보가 지금은 단 10분 만에 전국 방방곡곡으로 퍼져버립니다. 인터넷이나 휴대전화 등 디지털 정보기술이 발달한 덕분이죠. 이런데도 과거의 사이클이 앞으로 계속해서 되풀이될 것이라고 단언할 수 있을까요."

그렇다면 과연 부동산은 어떻게 투자해야 한다는 말인지? 정 팀장은 "부동산은 상상력"이라며 "세상에 대한 이해와 관심이 없으면 앞으로는 큰돈을 벌 수 없다"고 잘라 말한다. 쉽게 말하면, 지금 내가 살고 있는 동네가 10년, 20년 후에 어떻게 변할지 머리 속으로 그려보라는 것이다. 부동산은 사람들이 고안해 낸 공식이나 약속에 따라 기계적으로 움직이는 것이 아니다. 미래 가치와의 싸움인 만큼 미래 가치를 누가 더 잘 예측하느냐가 중요하다는 설명이다.

물론 지금까지 부동산은 대충 아무거나 골라서 어설프게 투자했어도 큰 실패를 보지 않는 경우가 많았다. 지난 수십 년간 집값과 땅값이 지속적으로 올랐기 때문에 '기다리면 무조건 먹는다'는 믿음이 뿌리 깊게 자리 잡게 됐다. 흔히들 말하는 '부동산 불패 신화'다. 심지어 기획부동산에게 사기를 당한 사람조차도 '100년 후엔 달라지겠지' 아니면 '토지문서가 있으니까 나중에 손자한테 물려주면 되

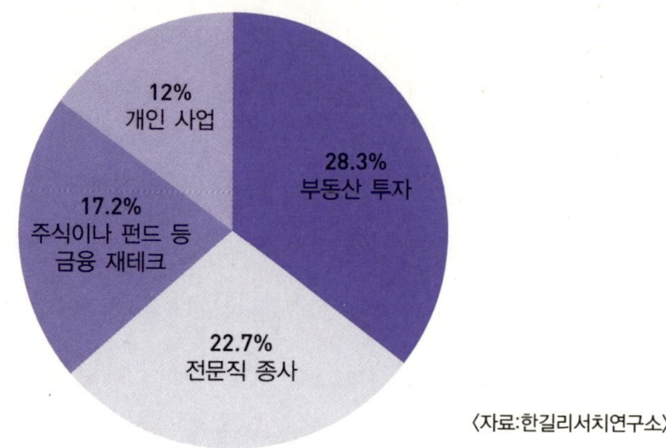

〈자료:한길리서치연구소〉

지'라며 스스로를 위로한다.

2010년 3월 한 리서치 업체가 성인 남녀 1,000명을 대상으로 벌인 설문조사에 따르면, 우리나라 국민의 28.3%가 부자가 되려면 부동산에 투자해야 한다고 생각하는 것으로 나타났다. 하지만 묻어만 두면 돈이 됐던 '부동산 전성시절'은 이제 옛 노래 제목처럼 '아~ 옛날이여!'가 되어가고 있다. 옛날에는 실질 성장률과 물가가 동시에 오르는 개발 시기였기에 부동산투자가 주효했지만 지금은 아니다. '사두면 번다'는 부동산 신화는 점점 기력을 잃어가고 있다.

옆집 아줌마가 모르면 저질러라

"좋은 투자처를 소개해 줬는데도 친척한테 물어보니까 투자하지 말라고 했다면서 포기하는 사람들이 종종 있어요. 이런 사람들은 정말 돈을 벌 자격이 없습니다. 누구나 다 아는 투자를 해서 어떻게 큰돈을 벌겠습니까? 동네 사람들이 모르는 걸 도전해야 돈을 벌지 않겠어요."

(장인석 • 착한부동산투자연구소 대표)

우리나라 사람들은 '단일민족'답게, 내가 스스로 생각하고 고민해서 투자를 결정하기보다는 남의 의견을 들어보고 남들이 다 좋다고 엄지손가락을 들어줘야만 실제 투자에 나서는 경우가 많다. 그러나 남들과 똑같이 행동해선 돈 벌기 어렵다. 누구나 알고 있는 것이라면 다시 셈을 해봐야 한다. 열 사람에게 물어 열 사람이 다 된다고 하면 이미 늦은 것이다. 한두 명 정도가 된다고 할 때가 최선일 확률이 높다.

남들과 다르게 생각하려면 어떤 노력을 해야 할까. 우리보다 한발 앞선 선진국의 트렌드를 유심히 살펴보면 도움이 된다. 내가 일본 도쿄에서 유학하던 90년대 말, 친정엄마가 나를 보러 자주 왕래하셨다. 당시 나는 유학생 기숙사에서 살다가 근처에 작은 방을 구해 이사를 나가게 됐다. 친정엄마가 한국서 날아와 이사를 도와주셨는데, 엄마는 일본인 집주인이 어떤 사람인지 많이 걱정하셨다.

집주인은 사립 명문인 와세다대학교를 나온 70대의 엘리트 일본인 할아버지였다. 그는 다가구주택을 지은 다음 방 7개를 모두 세준 뒤, 세입자들을 관리하면서 혼자 살고 있었다. 내가 내는 월세가 당시 7만 엔이었는데, 똑같은 방이 모두 7개였으니 매달 49만 엔(약 500만 원)의 부수입이 생기는 셈이었다.

집주인 할아버지는 주말마다 남색 바바리코트를 멋지게 차려 입고 취미생활을 즐기기 위해 외출을 했다. 경제적 여유가 있어 노후를 즐기며 사는 모습이 엄마가 보기에 참 좋았던 모양이었다. 당시 친정아버지가 은퇴하고 나면 어떻게 생계를 꾸려나가야 할까 내내 고민하시던 엄마는 무릎을 탁 쳤다.

그해 가을, 친정엄마는 아버지의 반대를 무릅쓰고 과감히 다가구주택을 사들였다. 앞으로 우리나라도 점점 고령화 사회가 될 것이며, 일본처럼 다가구주택이 고령자들에게 중요한 생계 수단의 하나가 될 것이란 확신에서였다.

예상은 딱 맞아떨어졌다. 그 집은 지금 친정부모님에게 매달 푸짐한 용돈을 안겨주는 (자식들보다 훨씬 착한) 효자 노릇을 하고 있다. 주위 사람들은 친정엄마를 만나면 어떻게 다가구주택을 사게 됐냐고 물어보는데, 엄마는 그때마다 "딸이 일본서 유학할 때 신세 지던 일본인 집주인에게 힌트를 얻었다"고 당당히 말씀하신다.

나를 살찌우는 백점짜리 완소 아파트

"아파트는 어디에 사야 할까요?"

나는 어지간하면 이런 질문을 잘 하지 않는다. 아무리 실력 있는 전문가라 해도 언제, 어디를, 얼마에 사야 좋다는 사실을 점쟁이처럼 콕 찍어주기가 쉽지 않다는 걸 잘 알기 때문이다. 부동산은 관련 법률만 수백여 개에 달하기 때문에 이를 두루 섭렵하기란 불가능하다. 게다가 전국을 샅샅이 돌아다니면서 특정 지역의 사정을 다 알아내기도 어렵다.(대한민국 전국 방방곡곡에 대해 모든 걸 다 아는 전지전능한 전문가는 없다고 보는 게 맞다.)

그런데 가끔은 전문가인 척 허세를 부리는 사기꾼이 나타나기도 한다. 그들은 지금까지 부동산에 투자해서 얼마를 벌었느니, 어디에 산다느니 하면서 자기가 큰 부자라고 노골적으로 떠벌린다. 하지만 설혹 그 사람이 정말로 그렇게 큰돈을 벌었다 하더라도 나를 비롯한 다른 사람들까지 큰돈을 벌게 해줄 거라고 기대해서는 안 된다. 부동산 전문가가 들려주는 의견은 시장 흐름이라든가 사람들 심리를 파악하는 수단으로 어디까지나 참고만 해야 한다. 해당 전문가가 영리를 목적으로 하는 회사에 소속해 있다면 더더욱 그렇다.

처분 어렵다면 거들떠 보지 마라

매사에 의심하길 즐기는 나도 진지하게 구원의 손길을 바라면서 어느 부동산에 투자해야 할지를 물을 때가 있다.

2010년 봄, 1,000억 원대 재산을 보유한 자산가와 점심식사를 했다. 그는 5년 전 처음 만난 자리에서 주변 환경이 엄청 좋은데도 저평가되어 있다면서 A아파트를 유망 상품으로 찍어줬던 인물이다. 나는 그저 인사치레 정도로 해주는 조언이겠거니 하면서 허투루 흘려들었다. 그런데 1년쯤 지난 어느 날, 해당 아파트 주변의 개발 계획 소식이 신문에 흘러나오기 시작했고 아파트값은 단숨에 수억 원이 뛰어올랐다. 족집게 도사처럼 급등 예상 아파트를 찍어줬던 그가 이번에는 내게 어떤 조언을 해줄지 내심 기대가 됐다. 그는 이번엔 서울 강남권의 H아파트를 추천해 줬다.

"부동산도 앞으로 금융상품처럼 환금성이 좋은 곳에 투자해야 돈을 벌 수 있다."

환금성 좋은 부동산이란 게 무슨 의미일까? 그는 "시세보다 3,000만~5,000만 원 정도 싸게 내놓으면 하루 안에 매물이 나갈 정도로 현금화하기 쉬운 부동산을 뜻한다"고 설명했다. 그런데 H아파트는 입지가 좋기는 하지만, 가격은 상당히 비싼 곳이었다. 나는 "아직 모아둔 돈이 많지 않아서 H아파트를 사려면 대출을 많이 껴야 하는데, 여력이 되지 않는다"며 다른 지역을 추천해 달라고 졸랐다. 그러자 그는 고개를 절레절레 흔들었다.

"첫 구입가에 너무 신경 쓰지 마세요. 실수요 목적이 아니라 순수 투자 목적에서 접근한다면, 가격이 다소 비싸더라도 바로 현금화할 수 있는 명품 부동산을 사야 합니다. 집값이 덜 오르더라도 환금성이 좋아야 한다는 뜻입니다. 집값이 오르면 뭐합니까. 내가 팔아야 할 때 팔리지 않는다면 하나 소용없잖아요."

부동산에 투자해 돈을 벌고 싶다면 대표 지역의 대표 브랜드, 즉 블루칩 아파트를 찜해야 한다는 것이 그가 내게 가르쳐 준 교훈이었다.

황금알을 낳아줄 거위 감별법

블루칩 아파트는 부동산시장에서 항상 최선두에 자리 잡고 가격을 이끌어가는 속성을 갖는다. 입지나 교육환경 등에서 좋은 조건을 갖추고 있어 경기가 호황일 땐 가장 먼저 치고 오른다. 마치 주식시장의 블루칩(대형 우량주)처럼 말이다. 불황일 때도 최소한의 낙폭만 기록한다. 어지간해서는 쉽게 떨어지지 않는 것이다. 누구나 원하는 지역에 자리 잡고 있는 '완소 아파트'니까 언제든 내가 팔고 싶을 때 팔아치우기도 쉽다.

특정 지역, 가령 서울의 강남권 아파트는 이제 규격화, 표준화되었고 상장회사처럼 검증된 정보들이 계속해서 공시되고 있는 상황이다. 수많은 애널리스트(정보업체)들이 경쟁적으로 주식 종목을 평가하듯이 말이다.

박상언 유엔알컨설팅 대표는 마음속으로 찍어둔 아파트 단지가 있다면 택시를 잡아타고 한번 가보라고 조언한다. 택시 운전기사에게 "어디어디 아파트로 가주세요"라고 말했는데 한 번에 알아듣고 목적지까지 간다면 그 아파트는 그 지역의 랜드마크인 블루칩 아파트기 때문에 투자를 하더라도 그리 큰 손해는 보지 않는다. 하지만 경력이 오래된 택시 기사조차 어디인지 잘 몰라서 헤맨다면, 투자 결정을 재검토할 필요가 있다고 한다.

다만 예외 없는 법칙은 없듯, 블루칩 아파트에도 단점은 있다. 바로 가격이 비싸다는 점이다. 이럴 땐 옐로칩(중저가 주식) 아파트도 나쁘지 않다. 블루칩 아파트보다는 약간 위험하지만 상대적으로 저평가되어 있으면서, 이도저도 아닌 일반 아파트에 비해 미래 가치는 높다. 계란 노른자위 대신 흰자위를 골라야 한다면, 그중에서도 가장 영양가 높은 흰자위를 찾기 위해 노력해야 한다.

아랫목만 고집하면 평생 쪽방 신세

아파트 한 채 마련하기가 이렇게 어려워서야!! 차곡차곡 월급 모으면서 시도는 해보지만 집값이 턱없이 비싸다. 2010년 기준으로 서울에 사는 평범한 직장인이 열심히 저축해서 서울에 33평형(109m²)

아파트를 장만하려면 12년 넘게 걸린다는 통계도 나와 있다. 신규 분양을 받아보려고 해도 청약제도는 무주택 기간이 길고 부양가족 수가 많은 중장년층에게 유리하다 보니 젊은층에겐 여러모로 불리하다.

시행착오도 겪어보지 않고 발품도 팔지 않으면서 그냥 '한 방에' 편안한 내 집을 마련하고 싶어 하는 사람들이 적지 않다. 이런 부류의 사람들은 비싼 전셋집에서 아늑하게 살고 있으면서 언젠가는 꼭 집을 사겠다고 큰소리친다. '지금 당장은 돈이 없어서' 부동산투자를 못하고 있을 뿐이라는 신세 한탄도 빼놓지 않는다. 돈이 없어서 부동산투자를 못한다고 변명하지만, 마음만 독하게 먹는다면 종자돈은 얼마든지 마련할 수 있다. 가령 내가 깔고 사는 전세금은 어떠한가. 좀더 작은 집으로 옮긴다든가 처가살이를 한다든가, 어느 정도의 불편을 감수하면 얼마든지 가능하다. 본인은 전혀 노력하지 않으면서 종자돈이 어느 날 갑자기 '짜잔' 하고 나타나기를 기대해서는 곤란하다.

대출금을 많이 끼고 무리하게 사는 건 자제해야겠지만, 어느 정도 경제적 여력이 생겼다면 내 집 마련부터 나서야 한다. 주택은 가족이 거주하는 장소로서의 의미뿐만 아니라, 언제든 매각해서 유동성 자금을 확보할 수 있는 소중한 자산이기 때문이다. 내 집이 있으면 든든해져서 주식이나 펀드 같은 투자 재테크도 안정적으로 해 나갈 수 있다.

젊을 땐 이삿짐을 자주 싸라

집 살 목돈을 빨리 마련해야 한다면서 고수익을 올릴 수 있는 상품

(주식이나 토지)에 눈을 돌리는 사람들이 종종 있다. '20대는 20평, 30대는 30평, 40대는 40평대에 살아야 한다'는 말도 조바심을 조장한다. 하지만 고수익을 내세우는 금융상품에는 당연히 그에 상응하는 위험이 따른다. 집을 마련하기도 전에 피 같은 돈을 왕창 날려버릴 수 있다. 주식에 투자해서 뻥튀기하고 그 차익으로 집을 사겠다는 발상! 말은 쉽지만 그렇게 하기가 쉬운 게 아니다. 고수익 상품은 먼저 내 집을 마련한 다음, 여윳돈이 생겼을 때 호재가 있을 만한 지역에 오래 묻어두는 식으로, 계단을 올라가듯 하는 게 옳다.

내 집 장만이라는 인생의 큰 이벤트를 성공리에 마친 당신에게 잔소리 한마디 더. 집을 사고 나면 남들에게 자랑하고 싶어서 집 안을 예쁘게 꾸미고 싶어진다. 하지만 부동산 재테크에 일가견 있는 젊은 부부들은 인테리어나 가구에 별 신경을 쓰지 않는다. 집을 잘 꾸미고 살면 더 나은 곳으로 이사하고 싶다는 마음이 완전히 사라지거나 혹은 생활습관이 나태해질 수 있다. 젊을 때 좁게 살면 어떤가. 나이 들어 비좁은 집에서 부둥켜안고 살아야 하는 것보다 훨씬 아름답다.

소문난 잔치에는 남의 옷을 입고 가라

"녹물이 나온다는 그 낡은 아파트가 유망하다고요?"

K아파트를 사야 한다고 콕 집어서 알려준 전문가 U씨에게 내가 물었다. U씨는 부동산으로 재테크하려면 고정관념부터 바꿔야 한다고 강조했다. 부동산으로 자본 차익을 얻으려면 사는live 곳과 사는buy 곳을 철저하게 구분해야 한다는 조언이었다. 투자 목적이라

면 지은 지 30년도 더 지난 낡은 재건축 아파트를 사야겠지만, 자녀 교육을 위해서라면 값비싼 전세금이 드는 새 아파트 임대를 마다하지 않는 유연한 태도가 필요하다는 것이다.

세상일이 다 그렇겠지만, 부동산만큼 '첫 단추'가 중요한 것도 없는 것 같다. 공무원 A와 B를 예로 들어보겠다. 두 사람은 비슷한 수준의 연봉을 받고, 집안 형편도 비슷하고, 처가의 경제사정 역시 별 차이가 없다. 하지만 결혼 후 10년 정도 지난 지금, 두 사람의 가계 격차는 상당하다. A는 강남의 중형 아파트에 살고, B는 서울 강북의 작은 아파트에 전세로 살고 있으니 말이다. 비슷한 시기에 결혼한 A와 B 사이에 이토록 큰 격차가 생겨난 이유는 왜일까?

바로 출발 시점에서 첫 단추를 잘못 꿰었기 때문이다. 과천에서 근무하는 A는 미래 가치까지 멀리 보면서 강남 지역에 아파트를 샀고, 종로에서 근무하는 B는 별 생각 없이 단지 직장에서 가깝다는 이유 하나만으로 강북 지역을 골랐다.

남들이 선망하는 자리를 탐내다

많은 사람들이 부동산을 살 때 본인에게 익숙하거나 혹은 회사에 출퇴근하기 편한 곳을 택한다. 하지만 내가 살기 좋다고 해서 남도 반드시 살기 좋다고 느끼란 법은 없다. 평생 이곳에 뼈를 묻겠다는 생각이면 몰라도, 중간에 팔고 언제든 이사를 가기 위해서는 나보다는 남이 더 좋아하는 집을 사야 한다. 간혹 동네가 너무 정든 곳이어서 떠나기 싫을 수도 있겠다. 하지만 통장 선거에 나갈 것이 아닌 다음에야 그냥 전세로 살면서, 미래 가치가 높은 곳에 전세를 끼고 아파트를 사두는 전략이 더 낫다.

그런데 여기서 미래 가치를 따져 보고 투자하라는 말은 어디까지나 젊은층을 상대로 한 것이다. 나이가 지긋한 60~70대 고령자까지 이런 투자법을 무리하게 실천할 필요는 없다. 남들이 돈 벌었다고 하니까, 외풍도 강하고 녹물까지 줄줄 흐르는 낡은 재건축 아파트를 사고 싶다는 어르신들이 간혹 있다. 10~15년 후에 챙길 수 있는 달콤한 수익을 상상하면서 말이다. 하지만 도대체 10년 넘게 낡은 아파트에서 고생하다가 70~80대가 되어 새 아파트에 사는 것이 인생에서 무슨 의미가 있을까. 미래 가치보다 현재 가치를 따지는 것이 더 중요한 시기도 있는 법이다.

유리창 깨지면 후퇴하라

신문에 자주 나오는 단골 기사 중 '언제 내 집 마련을 하면 좋을까요'라는 주제의 전문가 설문조사가 있다. 사실 이런 질문을 받으면 솔직하게 '모른다'고 대답하는 것이 가장 정직하다. 신神도 아닌데 어느 누가 최고의 내 집 마련 시기를 추천할 수 있겠는가. 그래도 명색이 전문가인데 기자 질문에 나 몰라라 할 수는 없는 노릇이니, 보통은 다음과 같은 대답을 앵무새처럼 되풀이한다. "지금은 부동산 시장 변동성이 큰 편이니, 투자 목적의 추격 매수는 자제하고, 실수요 위주로 장기적인 안목에서 접근하는 게 좋겠습니다."

전문가들의 대답을 자세히 살펴보면 작년이나 올해나 한결같다.

내 집 마련 시기는 '여력이 된다면 지금 당장'이라고 하는 쪽이 더 적절한지도 모른다. 집은 부동산 경기가 상승하든 하락하든 상관없이 갖고 있어야 하는 머스트해브must-have 자산이기 때문이다. 집 없는 서러움은 인물 못 나고 공부 못 한 서러움보다 크다.

폭등설과 폭락설의 역학 관계

마이홈 마련 시기가 '지금 당장'이라 해도, 아무 생각 없이 아무 때나 아무 주택에 온몸을 던지는 건 어리석다. 부동산도 엄연히 가격이 매일 달라지는 자산이기 때문에 바닥과 상투가 존재하기 때문이다. 아무리 좋은 부동산이라 해도 상투에 산다면, 바닥에 산 사람에 비해 수익률이 낮을 수밖에 없다. 특히 우리나라는 부동산이 거의 전 재산이나 다름없기 때문에 한 번 실패하면 회복하기가 힘들다. 부동산은 값이 싸게 느껴진다거나 혹은 비싸졌다고 해서 쉽게 사거나 팔아버리지 못한다.

지인이 '솔직한 투자전문가'라고 소개해 줘서 만나게 된 국내 굴지의 S자산운용사 팀장의 설명이 인상적이었다. "주식이든 부동산이든 상투를 칠 때는 나름대로 흥분 신호를 보냅니다. 특히 부동산은 유리창 뉴스를 유심히 챙겨보세요. 사람들이 서로 아파트 사겠다고 여기저기서 몰려드는 바람에 모델하우스 유리창이 깨졌다는 뉴스가 나오면, 그때가 틀림없이 상투입니다."

"지금까지 해온 투자 중에 가장 잘한 것은 동부이촌동 B아파트를 사둔 것"이라고 당당히 말하는 그는 "아무리 미래 가치가 높다고 해도 고점에서 잡는다면 남는 게 없기 때문에 허당"이라고 강조했다.

똑같은 블루칩 아파트라도 꼭짓점에서 산 사람과 바닥에서 산 사람은 비교할 수 없을 정도로 수익 차이가 날 수밖에 없다.

물론 우리나라 부동산시장은 빠르게 진행 중인 고령화 변수로 인해 지금과는 크게 달라질 가능성이 높다. 그렇다고 해도 누구나 살고 싶어 하는 명품 지역의 집값은 크게 떨어지지 않을 가능성이 높다. 만약 당신의 가족을 보다 좋은 환경의 보다 아늑한 집에서 살게 하려는 당신의 꿈에 찬물을 끼얹는 사람이 있다면 이렇게 말해 주길 바란다. "당신이나 평생 그렇게 사세요"라고.

교통카드 자주 쓰는 곳에 햇볕 든다

부동산업계에는 '돈은 길 따라 움직인다'는 격언이 있다. 도로나 지하철이 새로 뚫리는 곳은 앞으로 가치가 높아질 가능성이 있다는 뜻이다. 그런데 이 격언을 좀더 정확하게 풀이해 보면 '돈은 사람 따라 움직인다'는 말이 된다.

부동산 가격을 좌지우지하는 중요한 요소는 '유동인구'다. 유동인구가 몰려드는 곳에 돈이 붙게 마련이다. 그런데 어떤 특정 지역에 사람들이 많이 몰려들려면 교통수단이 편리해야 한다. 이때 가장 빠르면서도 저렴한 접근 수단이 바로 지하철이다. 이런 이유 때문에 지하철이 개통될 지역을 중심으로 투자처를 살펴보면 크게 실패하지 않는다는 얘기가 나온 것이다. 실제로 지하철이 개통되면 그 주변의 집과 빌딩, 상가의 시세가 한 단계 상승하는 게 일반적이다.

부동산 전문가 장인석씨는 "정부가 지하철역이나 도로를 새로 만

들겠다고 발표하는 건, 집값과 땅값을 올려주겠다고 대놓고 알려주는 것"이라고 했다.

지하철역 얘기가 나와서 말인데, 예전에는 싱글이나 더블 역세권 정도만 되어도 그럭저럭 괜찮은 점수를 받았다. 하지만 서울에서 부동산투자를 고려하고 있다면 앞으로는 트리플 역세권 지역에 관심을 가져야 한다.

트리플 역세권이란 전철역 3곳을 이용할 수 있는 아파트 단지를 말한다. 이르면 오는 2017년쯤에 서울 곳곳에 경전철이 깔리면서 지하철 노선이 그물망처럼 얽히게 된다.(물론 트리플 역세권에 위치한 아파트라 해도 여타 조건이 나쁘다면 집값 상승 가능성은 높지 않다.)

많은 전문가들이 용산역을 유망 투자처로 꼽는 것도 바로 용산역에 여러 지하철역이 집중되기 때문이다. 용산역은 KTX와 경의선, 중앙선, 신분당선, 1호선이 지나게 되며 근처에 4호선도 있다.

땅 사고 땅 친다, 왜?

토지 투자도 길을 따라가는 게 원칙이다. 길 따라 땅에 투자한다면 크게 망할 위험은 없다. 그런데 이상하게도 우리 주변에는 땅투자해서 돈 벌었다는 사람은 많지 않다. 오히려 땅 사고 나서 땅 치는 사람만 수두룩하다. 왜 그럴까?

'싼 게 비지떡'인데도 가격이 싼 땅만 덥석 사들여서 그렇다. 땅투자는 단순히 가격만 볼 게 아니라, 서울이나 대도시와의 접근성이 좋은지도 꼭 따져봐야 한다.

새로운 도로나 전철역이 뚫릴 곳은 도시기본계획을 토대로 조사해 보면 금방 알 수 있다. 우리나라도 선진국처럼 도시 개발과 관련된 사업들은 치밀하게 계획을 세워 실시한다. 계획이 없으면 향후 개발도 없다. 부동산 전문가들도 도시기본계획을 살펴보면서 미래 가치를 예상한다.

민얼굴보다 화장발이 가격을 올린다

지난 2007년, 한 외국계 부동산투자회사가 옛 코스모스백화점 부지를 사들였을 때 많은 사람들이 의아해했다. 코스모스백화점 부지는 롯데백화점 영플라자 건너편에 위치한 황금 상권이지만, 잦은 도산과 폐업 등으로 실패를 거듭한 탓에 '명동의 흉가'로 불려왔기 때문이다. 그런데 3년도 채 지나지 않아 그 건물은 최신식 패션 쇼핑몰로 화려하게 탈바꿈했다. 스웨덴 H&M, 스페인 ZARA 등 굵직굵직한 패션 브랜드들이 새로 둥지를 틀면서 패션업계와 부동산업계에서 동시에 큰 화제가 됐다. 세입자도 100% 입주해 완전히 알짜 단지로 변신했다.

천덕꾸러기 신세를 면치 못하던 부동산을 사들인 곳은 싱가포르에 본사를 둔 부동산투자회사 '퍼시픽스타Pacific Star'였다. 40억 달러(약 5조 원)의 자산을 보유한 퍼시픽스타는 부동산 컨설팅에서부터 개발·매입·사모펀드PEF·자산 관리 등에 이르기까지 부동산에 관한 모든 것을 아우르는 일종의 종합 부동산 서비스 회사다.

프랭크 바센Frank Wassen 퍼시픽스타 펀드운용부문 사장은 한국(서울) 부동산시장에 대해 매우 긍정적이었다. 그는 "미국이나 영국과

같이 포화점에 달한 선진국과 달리, 한국을 비롯한 중국, 인도 등 신흥시장 부동산은 성장을 계속해 나갈 수밖에 없다"고 설명했다. 아시아는 젊은 인구와 높은 소비 성향, 국내총생산GDP 성장률 등의 호재로 부동산 수요가 계속해서 늘어난다는 것이다. 바센 사장은 부동산투자의 최우선 원칙으로 좋은 입지 prime location를 꼽았다. 좋은 입지만 고르면 절반은 성공이라는 것이 그의 주장이다.

그다음에 할 일은 부동산 가치와 경쟁력을 높이는 일이다. 철저한 분석을 바탕으로 건물 이미지를 정한 뒤 건축 디자인을 세련되게 바꾸고, 세입자 '물 관리'까지 건물주가 멋지게 해낸다면 100점이라는 것이다.

바센 사장은 옛 코스모스백화점 건물이 매우 어글리 ugly했다고 표현했다. 장사가 잘 되려면 목이 아주 중요하지만, 아무리 목이 좋아도 보기 싫은 디자인의 건물은 최첨단 감각을 갖춘 젊은 소비자들을 끌어들이기 힘들다고 덧붙였다.

세입자 건강이 공실 수를 좌우

싱가포르 회사가 부동산 콘셉트를 재정립하는 과정과 기술은 매우 흥미로웠다. '이런 것이 바로 선진 투자 기법이구나' 하고 고개가 절로 끄덕여졌다.

퍼시픽스타는 명동의 유동인구와 소비력부터 면밀하게 분석했다. 그 결과 명동 유동인구는 20~30대 여성들이 절반 이상을 차지하고, 한 번 올 때마다 쓰는 돈은 3만~5만 원 정도라는 사실을 알아냈다. 조사 결과대로라면 아주 값비싼 명품 브랜드 매장은 입점해 봤자 그다지 실효성이 없다는 얘기다. 그래서 주목한 것이 중저가 패션 브랜드들이었다. 특히 스웨덴의 H&M 같은 브랜드는 건물주인 퍼시픽스타가 직접 나서서 한국 시장 진출을 권유했다고 한다. 좋은 세입자를 유치하기 위해 힘쓴 것이다.

260억 원이란 큰돈을 들여 건물에도 아름다운 예술을 입혔다. 투명 유리창으로 뒤덮어 밖에서 안을 훤하게 볼 수 있도록 설계했다. 건물에 예술을 입히는 퍼시픽스타의 노력은 도돌이표처럼 오랜 기간 되풀이되어 왔던 실패의 징크스를 깨부수었다. '명동의 개천'에서 용이 나오게 한 것이다.

다만 이런 식으로 부동산에 새 옷을 입히는 것이 항상 대박을 가져오지는 않는다는 점에 유의해야 한다. 자칫 잘못하면 배보다 배꼽이 커질 수도 있다. 철저한 사전조사와 시장 예측 없이 그냥 '직감'에 의해서만 리모델링하게 되면 건물 가치가 오히려 더 떨어질 수도 있다. 새로 개보수한 깨끗한 빌딩인데도 저급 땡처리 업체들이 1~2층을 사용하는 건, 건물 주인이 리모델링 작업을 제대로 하지 못했기 때문이다.

쇼핑욕을 자극하는 초간단 리모델링

퍼시픽스타의 부동산투자법은 반드시 규모가 크고 값비싼 고가 빌딩에만 한정되는 얘기가 아니다. 우리가 살고 있는 집을 좋은 값에 잘 팔고 싶을 때도 겉포장을 그럴듯하게 해두어야 한다. 쇼핑하러 온 사람의 구매 욕구를 자극해야 한다는 얘기다. 집을 있는 그대로 그냥 보여주기보다는 깔끔하게 정돈된 상태로 보여주는 게 좋다.

어차피 떠날 집이라면서 청소도 게을리 하는 경우가 많은데, 잘 팔고 싶다면 대청소라도 한 번 하는 게 효과적이다. 낡은 집이라면 거실 벽면에 예쁜 포인트 벽지라도 붙여서 분위기를 화사하게 만들어두자. 방 안에는 구석구석 조명을 켜서 밝고 환한 느낌을 주면 좋다. 특히 주방과 욕실은 집 보러 오는 사람들이 유심히 살펴보는 부분인 만큼, 깨끗하게 보이도록 신경을 써야 한다.

만약 청소를 잘 해놓지 못할 상황이라면 중개사에게 미리 알려 양해를 구해야 한다. 그래야만 중개사가 집이 어수선하다는 걸 감안하라고 손님을 유도할 수 있다.

또박또박 받는 월세와 배부른 노후

"나중에 은퇴하면 월세나 받으면서 편하게 사는 게 꿈이에요."

노후 준비를 시작하는 사람들 사이에서 단연 수익형 부동산이 화제다. 수익형 부동산이란, 쉽게 말해 상가나 원룸, 오피스텔처럼 매달 고정 수입이 나오는 부동산을 말한다. 얼마 전까지만 해도 60대 이상 고령자들만 노후 대책용으로 관심을 가졌는데, 지금은 40대만 되어도 기웃댈 정도로 인기몰이를 하고 있다. 하지만 이것도 생각만큼 마냥 좋기만 한 것은 아니다.

수익형 부동산은 곳곳에 암초가 깔려 있어 앞에서 남고 뒤에서 밑질 가능성이 높다. 겉으로는 화려해 보이지만 '속 빈 강정'일 경우가 많다는 얘기다.

30대 맞벌이 주부인 A씨가 월세라는 화려한 장미꽃에 반해 가까이 다가갔다가 숨어 있는 가시에 찔려버린 경우다. 우연찮게 중간

정산 받은 퇴직금으로 목돈이 생긴 A씨는 노후 대비와 자녀교육비를 충당할 겸해서, 집 근처 상가에 투자하기로 했다. 상가 분양 사무실을 찾은 A씨에게 담당자는 워낙 분양가가 저렴하게 나왔으니 나중에 시세 차익도 얻을 수 있고, 임대수익도 월 100만 원은 거뜬히 올릴 것이라고 장담했다. 워낙 인기가 좋아 남은 물량이 얼마 되지 않는다는 말에 A씨는 덜컥 계약을 해버렸다. 이후 부푼 기대를 안고 상가 개장일을 기다렸지만, 상가 주변이 활성화되지 않은 탓에 아직까지도 임차인을 찾지 못하고 있다. A씨는 상가에 투자한 것을 계속해서 후회하고 있다.

상가는 수익형 부동산 중에서도 가장 조심해서 투자해야 하는 항목이다. 혹시라도 임차인을 잘못 만나면 정말 마음고생을 심하게 한다. 박상언 유엔알컨설팅 대표는 "부동산투자에서 가장 바보 같은 일은 상가를 분양받는 것"이라고까지 말한다. 물론 완전히 떨이 수준으로 나와 파격적인 가격에 샀다면 얘기가 달라지겠지만 말이다.

내가 아는 5층짜리 빌딩 주인은 지하실을 노래방으로 세줬는데 노래방 주인이 월세를 제때 내지 않아 신경전을 벌였다. 그런데 알고 보니 노래방 주인이 몸에 용 문신을 하고, 조직폭력배와도 친분이 있었다. 결국 건물 주인은 이사 비용까지 대주겠다고 설득해 간신히 세입자를 내보냈다.

아직 은퇴도 하지 않았고, 나이도 60세가 되지 않았다면 수익형 부동산을 구입하는 전략은 별로 바람직해 보이지 않는다. 세금과 관리비용 등을 내고 나면 손에 얼마 남지도 않는데, 임차인들의 요구 사항을 처리해 주려면 시간도 빼앗기고 여간 신경 쓰이는 게 아니기 때문이다. 게다가 수익형 부동산은 시세 차익이 잘 나지 않으며, 환금성도 좋지 않다.

아웃렛에서 알짜배기 반값 사냥

경매 법정이라고 하면 '타짜들의 도박판' 정도로 생각하는 사람이 많다. 내가 아는 지인도 경매로 돈을 벌어보겠다며 경매 강좌를 세 번이나 듣고 열심히 발품을 팔았지만, 물건을 고르기가 너무 힘들다면서 깨끗이 포기했다. 경매는 많이 공부하고 도전해도 어렵기 때문에 일반인 입장에서는 가까워지기가 쉽지 않다.

그런데 부동산으로 큰돈을 번 거부巨富들의 주된 무기는 열 중 아

생산 가능 인구(15~64세) 추이

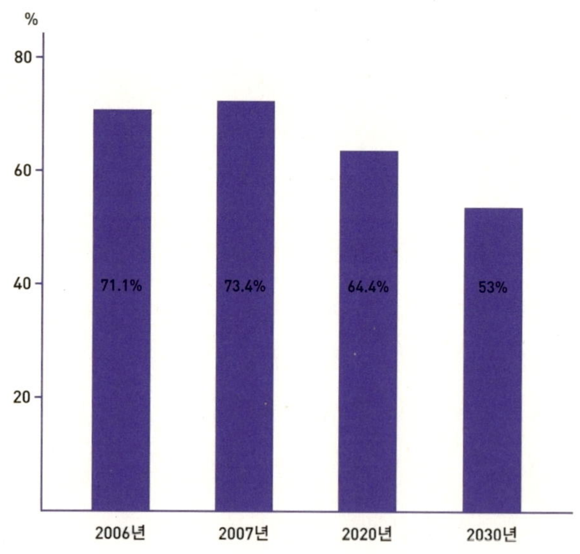

홉이 '경매'였다. 거부들은 경매도 기본적인 지식만 갖추고 접근한다면 아주 안전하면서 고수익이 보장되는 재테크 수단이라고 주장한다. 말 그대로 '아는 만큼 보이는 머니게임'이라는 것이다. 처음부터 철저하게 수익을 계산해 보고 입찰하기 때문에 낙찰 받으면 이익이고, 낙찰 받지 못해도 본전이니 이것보다 더 좋은 재테크 수단은

핵심 생산 인구(25~49세) 추이

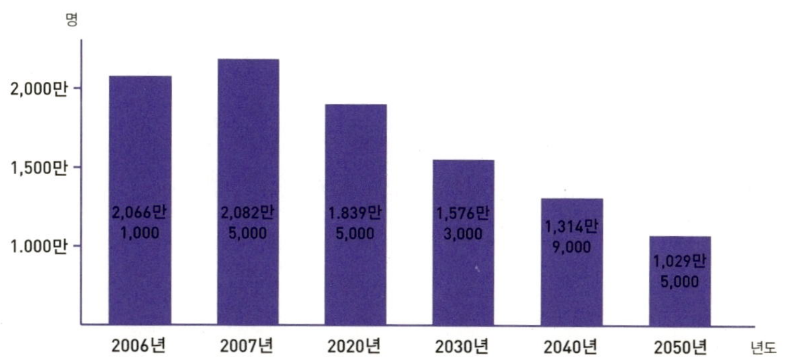

주택 구매를 염두에 두고 있다면

부동산 시장 전망에 대해 논의할 때 빠지지 않고 나오는 변수가 바로 출산율 감소와 고령화 속도다. 이대로 저출산과 고령화가 계속해서 진행된다면 우리나라는 60대 이상 고령 인구 비중이 높아지고, 경제력을 갖춘 생산 가능 인구 비중은 떨어지게 돼 주택 수요는 줄어들 수밖에 없다. 이렇게 되면 장기적으로 주택 공급이 초과되는 현상이 발생해 주택 가격이 하락할 것이라고 예상할 수 있다. 이런 시각에서 본다면, 지금 무리하게 대출을 많이 받아 집을 사는 전략이 그리 바람직하지 않다는 걸 알 수 있다. 열심히 자금을 모으고 불려서 적당한 대출을 끼고 핵심 지역의 주택을 구매하는 전략이 유효하다.

없다는 것이다.

경매에서 중요한 것은 첫째도 둘째도 셋째도 시세다. 경매업계에서 실패란 낙찰을 못 받는 게 아니라, 시세보다 비싼 가격에 낙찰받는 것이다. 경매에 있어서는 느긋한 마음가짐이 필수다. '세상은 넓고 경매 물건은 널렸다'는 생각으로 여유 있게 접근해야 성공 확률이 높아진다.

경매는 속성상 경기가 어려울수록 더 빛을 발한다. 경기가 좋으면 시장에서 급매물로 바로 소화가 가능하지만, 시장이 침체되면 최종 처분 단계인 법정까지 밀려나는 게 보통이다. 경기에 후행하는 속성을 갖기 때문에 경기 불황의 직격탄을 맞고 나서 1년 정도 지나면 경매 물건이 그득하게 쌓이면서 호황을 맞이한다. 법원에 사람들이 몰려들어 발 디딜 틈이 없을 정도가 되면, 경매 재테크는 한물간 것이란 점은 잊지 말자. 시장이 과열되면 감정가보다 훨씬 더 주고 낙찰받는 사람들이 나오기도 하지만 개발 호재가 있다고 해서 무작정 높은 가격을 써냈다가 나중에 개발이 지지부진해지면 돈이 장기간 묶일 수도 있다.

얼마 전까지만 해도 경매 관련 정보를 수집하려면 발품을 많이 팔아야 했다. 하지만 지금은 정보 검색 능력만 갖추면 절반은 성공이다. 2008년 말 고맙게도 대법원에서 법원경매정보시스템www.courtauction.go.kr이라는 사이트도 열었다. 법원에 나온 경매 물건을 손쉽게 검색할 수 있고, 경매로 나온 부동산 관련 정보도 공짜로 챙길 수 있다.

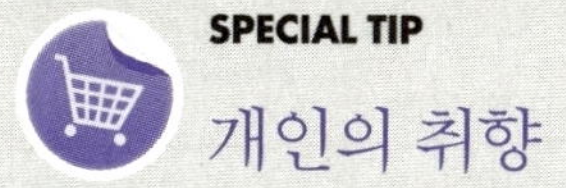

개인의 취향

　재테크 전문기자인 나는 평소 "요즘은 돈을 어디에 굴려야 하나요?"라는 질문을 가장 많이 받는다. 구체적으로 들어가면 "보험은 어디 회사에 들어야 싸나요?"란 질문에서부터 "펀드는 어디 것을 들어야 좋나요?" "신용카드는 어떤 게 좋나요?"라는 질문에 이르기까지 광범위하다.

　그런데 이런 질문을 받을 때마다 나는 어떤 대답을 해야 할지 참 난감하다. 요즘은 워낙 금융상품이 다양하기 때문에 일률적으로 어떤 특정 상품이나 회사를 하나만 콕 집어서 권해 주기가 쉽지 않아서다. 내가 시간을 내서 A부터 Z까지 찬찬히 설명해 주고 싶어도, 구질구질한 설명은 듣고 싶어 하지 않는 사람들이 대부분이다.(귀찮아서일 것이다.)

　나름 심사숙고한 끝에 특정 회사나 상품을 거론해서 대답했는데, 나중에 '앞으로 성실하게 답해달라, 건성으로 대답해주다니 대실망이다' 라는 내용으로 욕먹은 경험도 있다.

　우리가 옷을 쇼핑할 때를 떠올려보자. 백화점에서 파는 옷은 마트나 시장에서 사는 것보다 가격이 30% 이상 비싸다. 물론 백화점 표가 품질이 좋긴 하다. 하지만 똑같은 품질을 놓고 비교해도 역시 마트보다는 백화점이 분명 비싸다. 그래도 우리가 백화점에서 옷을 사려고 하는 이유는 그만큼 백화점이라는 브랜드가 내포하고 있는 고급 이미지와 서비스, 안목 등이 마음에 들기 때문이다. 마트나 시장에서 사면 돈은 아낄 수 있겠지만, 백화점에서 파는 옷을 뺨칠 만큼 품질 좋은 옷을 찾아내려면 오랜 시간을 들여 발품을 팔아야 한다.

금융상품도 마찬가지다. 브랜드가 있는 금융회사에서 파는 상품은 노브랜드 혹은 소형 금융회사에서 파는 상품에 비해 가격은 분명 비싸다. 그러나 애프터서비스AS 등에서는 차이가 벌어진다. 결국 어느 쪽을 택할지는 개인의 취향에 달렸다. 홈쇼핑에서 저가보험을 쇼핑하는 사람은 보험상품과 보장 내용 선택에서부터 나중에 보험금 청구에 이르기까지 모든 일을 스스로 처리해야 한다. 반면 보험설계사를 통해 고가보험에 가입한다면, 전문가가 보험 가입에서부터 보험금 청구에 이르기까지 모든 일을 도맡아 처리해 주니 편하다.

다음은 월급 200만 원(세후)을 받는 미혼 직장여성을 기준으로 짜본 포트폴리오다. 금융상품을 선택할 때 알아두면 좋을 간단한 팁도 첨부했다. 단, 개인별 상황에 따라 포트폴리오는 천차만별 달라질 수 있음을 미리 밝혀둔다.

구분	액수	TIP	고수의 한마디	투자 기간
개인연금펀드	10만 원+15만 원 (증권사 두 곳으로 쪼개어 분산)	• 연금펀드는 1년에 300만 원까지 소득공제 • 10년 이상 납입한 뒤 만 55세부터 5년간 연금 형태로 수령 조건	내 노후는 내가 지킨다	55세까지
주택청약종합저축	12만 5,000원	• 2년 이상 가입하고 일정 금액 이상 예치시 청약 1순위 • 12만 5,000원을 2년간 납입하면 300만 원으로 1순위 획득	싱글녀도 내 집 마련 준비는 필수	2년 이상
국내 주식형 펀드	20만 원(인덱스펀드) +10만 원(액티브펀드) +10만 원(원자재펀드)	• 매달 월급날에 기계적으로 돈이 빠져나가도록 설계	적립식 투자로 고수익 노리자	3년 이상
저축은행 등 2금융권 정기적금	20만 원		통장에 이름표를 달아 꾸준히 불입	1년 이상
실손의료보험 (실손의료비 특약)	5만 원	• 납입 기간이 길수록 유리 • 고령화에 대비해 만기는 80세 이상, 순수보장형으로 가입	젊을수록 보험료는 싸다	20년 이상
종합자산관리계좌 (CMA)	17만 5,000원	• 일정 금액 이상 돈이 모이면으로 2금융권 정기예금 등에 넣어 안정적 굴리기	티끌 모아 태산	평생
자기계발 비용	30만 원	• 수입의 5% 이상은 최소한 본인에게 투자	몸값 올리기는 인생 최고의 재테크	평생
생활비	50만 원	• 커피값과 외식비를 줄이고 충동구매는 최대한 자제		

04

명예의 전당

머니 멘토 6명의 시크릿

머니 멘토 6명의 시크릿

신문사 재테크팀장으로 일하며 강호江湖에서 내로라하는 고수들을 수도 없이 만났다. 하지만 실제로 만나보면, 항간에 흘러다니는 소문처럼 그렇게 내공이 깊지 않아서 실망한 적이 더 많았다. '혹시 저 사람, 돈 많이 벌었다고 자기가 소문낸 게 아닐까?' 하는 의심이 들 만큼 실력이 엉망진창인 사람도 있었다.

주변에서 '경매의 신神'으로 불리는 사람이라고 추천받아 만나게 된 S씨가 바로 그런 경우였다. 어렵게 약속을 잡고 인터뷰를 했는데 뒷맛이 영 개운치 않았다. 일단 S씨는 자신의 과거 경력에 대해 자세히 알려주려 하지 않았다. 아무리 꼬치꼬치 캐물어도 엉뚱한 대답만 반복했다.(정상적인 사람들은 인터뷰를 하면서 자신의 과거에 대해 밝히기를 걸 꺼리지 않는다.)

그러면서 인터뷰 내내 특정 지역 집값이 오를 것이라는 얘기만 되풀이했다. 특히 자신이 점찍어두고 미리 매집해 둔 지역은 향후 값이 크게 오를 것이며, 원칙상 이미 투자 금액 한도가 꽉 차서 안 되지만 기자인 나만큼은 특별히 투자에 참여시켜 주겠다는 말까지 했다. 나는 S씨와 인터뷰를 1시간이나 했지만, 직감적으로 기사화하지 않는 것이 낫겠다고 판단해 신문에 내지 않았다.

그런데 3년 뒤, S씨가 경매계의 우상에서 졸지에 지명수배자로 전락했다는 뉴스를 접하게 됐다. 내가 인터뷰할 당시만 해도 S씨는 사업이 잘 풀려 승승장구하고 있었는데, 이후 지나치게 욕심을 부리면서 사업 확장에 나서는 바람에 인생이 꼬여버렸다고 한다. 자신이 운영하는 경매학원 수강생들에게 돈을 벌게 해주겠다며 소액 투자를 받았는데, 사업이 기울자 돈을 갚지 않고 그냥 잠적해 버렸다는 것이다.

부자의 길을 인도해줄 셰르파를 찾아라

재테크를 잘하는 고수들을 찾아 인터뷰하기란 정말 어렵다. 수익을 많이 내는 투자자는 조용히 자기 투자에만 몰두하지, 일부러 자신을 노출하면서까지 고수익 비결을 알려주려 하지 않는다. 사실 뭐가 예쁘다고 자신만의 재테크 노하우를 남에게 알려주겠는가.

어렵게 만남이 성사된 머니 멘토Money Menter 6명의 생생한 목소리가 담긴 인터뷰를 소개한다. 직업과 나이, 재산 규모는 제각각이다. 하지만 가감 없는 직격 인터뷰 내용을 읽다 보면, 부자 되기 비법을 전수받을 수 있다. 큰 부자는 하늘이 낸다지만 부지런한 부자는 하늘도 못 말린다는 말이 있다. '돈 버는 재주도 타고 나야지 내가 어

떻게 꿈이나 꾸겠어'라면서 아예 부자 되기를 단념하지는 말길 바란
다. 오르지 못할 나무라면 사다리라도 놓고 올라가 보자. 돈에 대해
부정적으로 생각하면 자신에게 찾아올 돈마저 달아난다.

무식한 절약에서 길을 찾다

전원주(탤런트)

흔히들 재테크라고 하면 돈을 많이 버는 걸 떠올린다. 하지만 재테크의 시작은 많이 버는 것이 아니라, 쓰는 재미부터 끊는 것이다. 지출을 통제할 줄 아는 것이 돈 벌기의 기본이란 얘기다. 씀씀이를 통제하지 못하면 지금 당장은 부자일지 몰라도 오래 지속하지 못한다.

탤런트 전원주씨는 '연예인은 많이 버니까 씀씀이가 헤플 것 같다'는 나의 오해를 단번에 날려준 인물이다. 전씨는 평소에 알고 지내던 은행 지점장이 '전문가 뺨치는 재테크 고수'라고 소개해 줘서 만나게 됐다. 어떻게 고수냐고 물었더니 그 지점장은 "만나보면 안다"고 했다.

낙엽이 흩날리던 어느 가을, 여의도의 한 식당에서 전씨를 만났다. "쯧쯧, 아깝게 음식을 많이 남겼네. 여기 샐러드는 그냥 두고 가요. 내가 다 먹을게. 기자 양반도 같이 들지."

전씨는 다른 손님이 먹다 남기고 간 샐러드 접시를 싹 비우고 나서야 인터뷰를 시작했다. 소문대로 보통 내공이 아니었다.

재테크? 왕소금이 최고

전씨에게는 '재테크 강사'라는 직업이 하나 더 있다. 재테크 고수로 입소문이 나면서 특강 요청이 쇄도해 한 달에 한 번 이상은 강단에 설 정도다. 재테크에 대한 소신과 어려웠던 날의 귀중한 경험을 소개하는데, 특유의 입담으로 재미나게 강연을 이끌어 인기 강사로 인정받는다. 그는 "이거이거 하라고 족집게처럼 콕콕 찍어주는 건 아니지만, 어떻게 500만 원을 20억 원으로 불렀는지 들려주면 청중들이 무척 좋아한다"고 했다.

그는 무명시절을 힘들게 겪으며 돈의 소중함을 뼈가 저리도록 경험했다. "30년 넘게 무명으로 지냈거든요. 이름이 알려진 뒤에도 주로 앞치마 두른 식모 역할이라서 심은하나 황신혜처럼 많이 벌지 못했죠. 재산을 20억 원으로 불린 건 순전히 돈을 아껴서랍니다. 남편 사업까지 어려워져 생활이 쪼들려도 무조건 수입의 70~80%는 저축했어요."

전씨는 수십 년 전 시집올 때 해온 그릇, 수저, 냄비며 장롱, 식탁을 아직까지 쓰고 있다. 연예인 경력 40년이 넘지만 한 번도 매니저를 둔 적이 없다. 빨래, 청소, 요리 같은 집안일도 모두 직접 해결한다. "내가 수족이 불편한 것도 아닌데, 조금만 부지런하면 도우미 일당 5만 원을 아낄 수 있지 않느냐"고 했다. 전기요금을 아끼느라 전등도 웬만하면 끄고 다닌다. 가정에서 에너지 절약을 적극 실천한다는 사실이 알려지면서 에너지 절약 촉진대회에서 산업포장을 받기도 했다.

그의 남다른 재테크 원칙은 한 번 통장에 입금된 돈은 절대 다시 찾지 않는 것이다. 정부가 주는 저축상까지 받은 비결이 여기에 있었다. 그리고 통장에 1,000만 원 단위로 돈이 모이면 좋은 투자상품으로 바로 옮긴다고 한다.

통장만 30개가 넘어 한 달에 한 번씩 이른바 '통장의 날'을 정해 놓고 만기, 이자 등을 체크한다. 은행이나 증권사 등 금융회사도 자주 드나든다. 특별한 업무가 없을 때조차도 시간이 날 때마다 은행을 찾는 것이 습관이다.

문턱이 닳도록 드나들어라

주식투자 얘기가 나오자 전씨의 눈빛이 반짝반짝 빛났다. 그는 경력 20년이 넘는 베테랑 주식투자자다.

"1998년에 돈을 맡겼던 증권사 직원이 수천만 원 손실을 낸 뒤 사라진 일이 있어요. 잠이 안 올 정도로 분하더라고요. 어떻게 모은 돈인데……. 전문가라고 해서 무조건 믿어선 안 되겠다 싶었죠."

그때부터 전씨는 밤잠을 아껴가며 주식 공부를 했다. 실력을 갈고 닦아 주식투자 관련 서적도 세 권이나 출간했다.

그는 주식투자를 할 때 해당 회사의 경영 상황을 꼼꼼히 살펴본다고 했다. "하이닉스에 재테크 강연을 간 적이 있어요. 직접 가서 둘러보니까 회사가 살아나는 게 눈에 보이더군요. 돌아와서 당장 하이닉스 주식을 샀죠."

나이가 들면서부터는 자산의 대부분을 안정적인 채권에 주로 투자하고 있다. 부동산은 잘 알지 못해 적극적으로 투자하지 못했지만, 서울 시내에 있는 작은 상가를 지인과 함께 사두었다. 은퇴 후를 대비한 투자라고 했다.

"너무 아끼면서 사니까, 돈 모았다가 무덤까지 싸가지고 갈 거냐고 손가락질하는 사람도 있어요. 이제 좀 편하게 살아도 되지 않느냐는 거죠. 하지만 준비 없이 나이 들어 신세 처량해진 선배들을 많이 봤어요. 노년에는 입에 지퍼를 채우고 돈 지퍼를 열라는 말도 있지 않습니까. 자식이나 주변 사람들에게 그동안 아껴서 모은 돈을 나눠주는 것도 노년의 즐거움 아니겠어요."

전원주의 재테크 10계명

1 절약은 제1의 재테크 원칙이다.

2 재테크 전문가를 100% 믿지 않는다.

3 은행, 증권사를 내 집 드나들듯 해서 상품을 고른다.

4 오래된 가구나 가전제품을 바꾸지 않는다.

5 절대 남에게 돈을 빌려주지 않는다.

6 자녀가 성인이 되면 경제 지원을 끊는다.

7 주식은 우량주 중심으로 장기투자한다.

8 신문 경제 기사는 행간까지 읽는다.

9 펀드 수익률은 연 7~10%에 만족한다.

10 대출금은 월소득의 30%, 집값의 20% 이내를 지킨다.

할인마트에 돈 있다
강방천(에셋플러스자산운용 회장)

강방천 에셋플러스자산운용 회장의 주식투자 원칙은 간단하다. 바로 소소한 생활 속에서 보석을 찾아보라는 것. 강 회장은 퇴직금과 저축 등으로 모은 1억 원을 투자해 1년 10개월 만에 156배라는 경이로운 수익률을 기록한 주식 고수다.

강 회장에게는 생활 현장이 주식투자의 출발점이다. 택시를 타거나 물건을 사거나 주변인들과 이야기를 나누면서 체감경기를 익힌다. 아무리 작고 사소한 것이라도 엉뚱한 생각을 하면서 자꾸 상상력을 발휘해 보면 돈이 될 수 있다고 생각한다.

예컨대 신문에 '음주운전 예방 공익광고'가 많이 나오면 사고가 줄어들어서 자동차 보험사들의 실적이 좋아질 것이라고 통찰력을 발휘해 보는 식이다. 실제로 강 회장은 이런 통찰력으로 손해보험업종에 집중 투자했고 적잖은 수익을 거뒀다. 도시가스가 설치되지 않은 집으로 이사하고 나서 설치비만 수십만 원을 내게 되자, 이 돈이 어디로 가는지 조사해 본 다음 도시가스 회사에 투자해 수익을 챙기기도 했다.

자신이 잘 알지 못하거나 이해하지 못하는 분야는 어떤 일이 일어날지, 앞으로 어떻게 될지를 제대로 판단하기가 힘들다. 잘 모르기 때문에 조금이라도 분위기가 나빠지면 불안해서 견딜 수가 없다. "주가는 내리면 오르고 오르면 내리고, 이런 과정을 수없이 반복합니다. 하지만 내가 산 회사에 대한 믿음이 확고하다면 주가가 떨어진다는 이유로 근심하지 않겠죠."

내가 직접 사용하고 있는 화장품 회사 주식이나 내가 단골로 드나드는 백화점 주식은 느닷없는 악재로 가격이 흔들린다고 해도 느긋하게 참고 기다릴 수 있다. "자녀랑 시장에 가면 아이가 고르는 물건들을 유심히 살펴보세요. 아이들이 원하는 물건을 만드는 기업은 나중에 우량주로 클 확률이 높으니까요."

밥상에서 가르치는 돈의 원리

강 회장은 평소에도 딸과 함께 주식을 주제로 대화를 자주 나눈다고 한다. 인터넷 동영상을 즐겨 보는 딸이 학원업종에 대해 아버지에게 묻고, TV에서 탄력 있는 피부를 과시하는 50대 여자 연예인을 보고는 보톡스 관련 기업을 검색해 보는 식이다.

강 회장이 극장에 투자하기로 결정한 과정이 재미있다. 그는 중학교에 진학하는 막내딸과 함께 영화 〈아바타〉를 보고 난 뒤 어떤 기업의 주식을 살지 의논했다고 한다. 3D 영화 기술을 보유한 회사가 좋겠다는 딸에게, 강 회장은 경쟁업체가 많아지지 않겠느냐고 되물었다. 부녀는 치열한 토론 끝에 입체영화 상영에 일반 영화보다 두 배 이상 비싼 관람료를 받는 극장이 더 유망하다고 결론을 내렸다.

강 회장은 "기업의 가치나 투자처를 판단할 수 있는 복선들은 실생활에서 수없이 나타난다"고 말한다. 신문을 보고 책을 읽거나 여행을 통해 사회 흐름을 짚어나가고, 그에 대한 대비책으로 주식을 사두면 높은 수익을 낼 수 있다는 것이다.

"신문을 볼 때도 경제면만 보지 말고 사회면, 국제면, 문화면을 전부 다 봐야 합니다. 이런 곳에 돈이 숨어 있거든요. 예를 들어 국제면에 중국 관련 뉴스가 나왔는데 최근 2~3년간 영화관 스크린이 급격히 늘어나고 있다는 내용이었어요. 이건 중국에 영화를 배급할 인프라가 갖춰졌단 얘기고, 영화제작사 입장에서 보면 아주 좋은 기회가 오고 있다는 신호로 볼 수 있죠. 그럼 어떤 회사에 투자하면 좋을지도 답이 나오죠. 아쉽게도 일반 투자자들은 실생활에서 알게 된 상황은 무시로 일관하다가 가격으로 전환되어 숫자로 나타나야만 투자에 나섭니다. 누군가 크게 이익을 봤다는 얘기를 듣고 뛰어들면 늦은 건데 말이죠."

부동산에 대한 그의 시각은 어떠할까. 그는 과거 30년간 부동산이 기축 재산으로의 역할을 톡톡히 해냈다는 사실은 인정했다. 하지만 앞으로도 그렇게 부동산이 유망한 투자 수단이 될 것인지에 대해서는 물음표를 찍었다.

"부동산투자 열쇠는 사람이 갖고 있습니다. 그런데 우리나라는 인구가 줄어들고 있죠. 집값은 거의 한계 상황에 왔다고 생각해요. 부동산에 투자한다면 늘어나는 인구에 주목해야 합니다. 일단 고령 인구와 인터넷 인구가 계속 늘어나죠. 또 하나, 중국에서 넘어 오는 체류 인구가 늘고 있습니다. 앞으로 중국인들이 우리나라에 와서 얼마나 많은 돈을 쓸 것인지 상상해 보세요. 엄청난 지갑이 바로 내 주변에 있다니 흥분되지 않나요!"

600만 원짜리 자전거를 타는 이유

다소 얄궂기는 했지만 "혹시 따님이 300만 원짜리 명품 가방을 사달라고 하면 어쩌시겠어요?"라고 물었다. 그는 한 치의 망설임도 없이 "만약 딸이 오랫동안 사용할 물건이라고 말한다면 300만 원짜리 가방이라고 해도 사주겠다"며 "오랜 기간 쓸 수 있는 것에는 무한대의 투자가 필요하다"고 말했다.

"제가 자전거 타는 걸 좋아해요. 지금 타는 자전거는 할인받아서 600만 원에 샀어요. 주변에서는 너무 비싸다고 얘기하지만, 앞으로 10년간 탄다면 1년에 60만 원 꼴이죠. 골프 두 번 치는 값이에요. 제가 보기엔 골프 치는 비용이 더 비싼 것 같아요. 오래 쓸 것이라면 투자해야 해요. 부모님들이 왜 그렇게 자녀들한테 공부하라고 하겠습니까. 앞으로 두고두고 오래 쓸 것이라면 큰 금액이라도 아끼지 말아야 합니다."

1,000만 원 있어야 1억을 만든다
팽현숙(방송인)

개그맨 최양락씨와 결혼한 후 은퇴한 개그우먼 팽현숙씨. 결혼 후 연예계를 떠나면서 사람들의 기억에 많이 잊혔다가 20년 만에 재테크 전문가로 화려하게 컴백했다. 팽씨는 지난 20년간 시행착오를 겪으면서 몸소 터득한 부동산투자 노하우를 담아 재테크 책도 펴냈다. 단순히 연예인의 수필집 정도라고 짐작했는데, 읽어보니 팽씨가 바닥에서부터 억척스럽게 노력해 부富를 일군 내용들이 담겨 있어 재미있었다.

팽씨와의 인터뷰가 성사되기까지는 약간 어려움이 뒤따랐다. 인터뷰 요청에 쉽게 응해 줄 것이라 예상했는데, 팽씨가 정중히 거절했기 때문이다. 책을 낸 후 사람들에게 비난을 많이 받아 마음에 상처를 입었다고 했다. 팽씨는 그저 자신이 쓴 책을 통해 선배 주부가 후배 주부의 어깨를 다독이는 희망의 메시지를 전달하고자 했을 뿐인데 일부 얼굴 없는 네티즌들이 '복부인의 자랑질' 운운하면서 거세게 비난했던 것이다. 아마도 팽씨가 일을 쉬던 남편에게 부동산 등기권리증을 선물했다는 등의 일부 내용이 거슬렸기 때문이리라. 출판사를 통해 끈질기게 설득한 끝에, 간신히 인터뷰 수락 응답을 받아낼 수 있었다.

팽씨는 정식으로 부동산에 대해 공부한 경험은 전혀 없지만 동물적인 재테크 감각을 발휘해 남부럽지 않은 재산을 모았다. 그는 현재 서울과 수도권 곳곳에 집 10여 채를 보유한 임대주택 사업자이기도 하다.

"목돈이 5,000만~6,000만 원 정도만 모이면 일단 대출과 전세를 끼고 작은 규모의 주택을 삽니다. 열심히 일해서 은행 돈을 갚고, 이후 월세로 돌려서 월 수입을 창출하죠. 노후에 대한 두려움도 전혀 없어요."

취미는 부동산 둘러보기, 특기는 가격 후려치기

부동산은 어차피 임대수익을 얻기 위해 사들이는 것이기 때문에 가격이 크게 오르지 않아도 상관없다고 팽씨는 설명했다.

"임대수익과 양도차익 두 마리 토끼를 다 얻으면 좋겠지만 그건 쉽지 않으니까요. 임대사업을 한다면 은행 이자를 웃도는 정도의 임대수익에 더 큰 비중을 둬야 합니다."

그는 임대주택 사업도 분산투자 관점에서 접근했다. 서울과 수도권 곳곳에 1억~2억 원씩 나누는 방식이다.

"10억 원 이상 되는 큰 금액을 한 집에만 올인했다가 나중에 급전이 필요해지면 현금화가 쉽지 않잖아요. 부동산도 지역과 금액을 쪼개서 투자해야 안전합니다."

팽씨는 부동산은 한 번 사면 절대 팔지 않는다는 장기투자 예찬론자이기도 하다. 결혼하고 나서 가장 처음 산 암사동 아파트도 18년째 보유 중이라고 했다.

"저는 꼭 팔아야 할 상황이 아니면 무조건 묻어둡니다. 일단 한 번 사면 웬만해선 안 팔아요. 암사동 아파트는 지금까지 오름세가 지지부진했는데, 재개발이 거론되면서 가격이 많이 올랐어요. 부동산은 장기로 투자해야 한다는 걸 다시금 깨닫고 있죠."

그러나 아무리 장기투자가 중요하다고 해도, 감당할 수 없을 정도의 대출을 끼고 사는 것은 절대 피해야 한다고 했다.

"부동산은 잘못 손대면 재산이 아니라 큰 빚 덩어리가 될 수 있어요. 100억 원짜리 부동산을 갖고 있다 한들 은행 빚이 많다면 땅거지나 다름없잖아요. 최소한 은행 이자 정도는 낼 수 있고 현금 회전도 원활할 때 부동산에 돈을 묻고 대출을 받는 것이 좋아요."

돈에는 귀천貴賤이 없다

팽씨가 처음 재테크에 관심을 갖게 된 까닭은 연예인인 남편의 불규칙한 수입 때문이었다. "남편이 방송 출연을 하면 꾸준히 수입이 들어오지만 그렇지 않으면 돈 나올 구멍이 전혀 없었죠. 뭔가 대책을 세워야 했어요."

그는 '남편이 다 알아서 해주겠지'란 생각을 일찌감치 버리고 돈 벌 궁리를 했다. 그리고 일요일도 없이 매일 장사를 해서 번 돈과 남편 방송 수입 등을 모아 목돈부터 만들었다.

"많은 사람이 한 방에, 할 수만 있다면 힘들이지 않고 부자가 되길 바라죠. 하지만 부자는 결코 하루아침에 되는 것이 아닙니다. 한탕은 없어요." 본인이 쓰고 싶은 것 다 쓰고, 먹고 싶은 것 다 먹고서는 절대 돈을 모을 수 없다는 따끔한 충고다.

"돈은 정말 다 똑같은 돈이라고 생각해야 해요. 소중한 자산을 따로따로 보면 안 됩니다. 돈이 수중에 들어오면 무조건 석 달 뒤에만 쓰겠다고 원칙을 정해 두세요. 그렇게 석 달간 돈 세탁을 하면 모든 돈이 똑같아 보인답니다."

팽씨는 힘들게 모은 목돈으로 부동산에 투자해 높은 수익을 거뒀다. "남들이 몇 억씩 벌었다고 하면 조바심이 나서 차분히 따져보지도 않고 무리수를 두죠. 하지만 그렇게 남이 간다고 뒤따라가면 큰돈을 벌긴 어려워요."

부동산은 10년 이상 장기를 내다보고 투자해야 하는 자산이라는 것, 단기간 시세 차익을 바라보고 빚을 잔뜩 짊어지고 뛰어들면 결국 중간에 많이 먹지도 못하고 포기하기 십상이라는 설명이다.

이웃의 말을 믿지 마라

팽씨는 또 부동산투자를 마치 동네 가게에서 껌이나 사탕 사듯 해서는 곤란하다고 강조했다. 투자 전에 반드시 현장에 가봐야 한다는 것이다.

"지인이 좋은 부동산이라고 권하는 말에 가보지도 않고 계약서에 도장 찍는 사람들이 있죠. 심지어 빚까지 내서 남을 따라가는 사람도 있더라고요. 하지만 이렇게 남의 말만 듣고 투자하면 손해 보고 나오기 쉬워요. 부동산에 투자할 땐 어느 누구도 믿어서는 안 됩니다. 정말 좋은 부동산이면 자기가 투자하지, 뭐 때문에 남한테 소개하겠어요?"

그는 땅이나 집을 보러 다닐 때 가장 신난다고 하면서도 강남에는 별로 관심을 쏟지 않는다. 이유는 간단했다. 너무 비싸다는 것이다. 수도권에서 저평가된 곳을 찾아내야만 돈을 벌 수 있다는 게 팽씨 생각이다. 팽씨는 틈날 때마다 대한민국 지도를 책상 위에 펴놓고 미래에 가치가 높아질 만한 알짜 투자처가 어디일지를 고민한다.

"서울 인근 지역은 올 들어 땅값이 너무 많이 올랐어요. 정말 허탈할 정도죠. 그래서 지금은 앞으로 길이 뚫리고 호재가 많은 강원도 인근에 주목하고 있어요. 아직 수도권만큼 값이 뛰지 않았으면서 잠재 가치가 높은 곳이 많답니다."

그는 주말에 소풍 가듯 중개업소에도 자주 들른다. 중개업소 명함만 수백 장을 모았다. 그때마다 남편 최양락씨는 "사지도 않을 텐데 왜 자꾸 부동산에 가냐"고 타박을 한다.

"돈이 생겼을 때 부동산에 가면 한 발 늦어요. 미리 시장 조사를 해 놓고 흐름을 알아 둬야 돈이 생겼을 때 좋은 물건을 잽싸게 낚아챌 수 있죠."

팽씨가 부동산 중개인을 활용하는 방법은 똑 소리 난다. 땅을 보러 가면 남편이 연예인이니까 돈이 많을 거라고 넘겨짚고는, 제법 큰 덩어리를 소개하면서 흥정한다고 한다. 이때 팽씨는 돈이 많은 척을 하면서, 기왕에 밭품을 팔았으니 전원주택이나 가게 터 같은 물건도 다양하게 보여달라고 요구한다. 투자금이 얼마 있으니 무슨 물건을 살 것인지를 처음부터 밝히지는 않는다는 것이다.

대다수 부동산 중개인들은 큰 손님이다 싶으면 최선을 다해 좋은 물건을 보여준다. 하지만 부동산이 강추한다고 해서 무조건 사는 것은 곤란하다. 알짜배기 물건이면 부동산에서 먼저 손에 넣었을 테니 말이다. 강추 물건에는 함정이 있을 수 있다는 점을 꼭 유념해야 한다고 팽씨는 강조했다.

남들은 다 해도 나는 안 한다

팽씨는 부동산투자만 고집하고, 주식투자에는 담쌓고 살아왔다.

"제가 주식투자를 안 해본 건 아니랍니다. 그런데 주식은 사놓고 나니 매일 시간대별로 체크하게 되더라고요. 생업에 집중할 수가 없었어요. 하지만 부동산은 그냥 사놓고 그날부터 없다고 잊어버리면 되거든요. 저는 성격상 부동산투자 체질이더라고요. 주식은 아니다 싶어서 손해 보고 다 팔아버렸지요."

팽씨는 "쉽게 벌면 쉽게 망한다"는 말을 여러 차례 되풀이했다. 부동산도 노력한 만큼 보상을 받는다는 것이다.

"길게 보고 무리수를 두지 않아야 해요. 급하게 먹으면 꼭 체하잖아요. 남들이 좋다고 하는 데는 절대 투자하지 않아요. 내가 스스로 판단하지 않고 소문만 믿고 들어가면 꼭 손해를 보더라고요."

부동산은 사는 것도 어렵지만 파는 것은 더욱 어려운 자산이기 때문에 사기 전에 충분히 고민하고 신중한 판단을 내려야 한다는 것이다. 얼마 전에 100만 원 주고 산 것을 뻔히 아는데, 금세 200만 원에 사주는 사람은 없을 테니 말이다.

일벌레로 뚫어라
이건선(부림저축은행 대표)

기자는 직업 속성상 불특정 다수로부터 민원이나 항의, 부탁 등 다양한 내용의 이메일을 받는다. 나는 가급적 독자들이 보내오는 이메일들을 꼼꼼히 읽어보고 답장을 해주는 것을 원칙으로 하고 있다. 그런데 어느 날 이런 내용의 이메일을 받았다.

"얼마 전에 쓰신 기사에 대해 말씀드리려고 합니다. 앞으로 이런 기사는 쓰지 마세요. 왜냐하면 이 기사 내용은 내가 본 중 가장 정확하게 부자로 가는 길을 담고 있기 때문입니다. 무심코 읽은 기사 내용이 내가 알고 있는 부자 되는 길과 너무나도 일치하여 기사를 읽는 동안 놀라움을 금치 못했습니다. 너무나 구구절절 맞는 내용을 담고 있어서요. 누가 이렇게 귀한 내용을 함부로 퍼뜨리고 다니나 깜짝 놀랐습니다. 기자님도 비슷한 경험이 있을 것입니다. 너무나 아끼고 귀한 것이어서 남들에게 보여주기 싫고 나만 알고 싶은 것이요. 되도록이면 이런 기사는 자제해서 남들에게 알리지 말아주세요. 부를 축적하는 데 있어 경쟁자를 자꾸 늘리면 불안하니까요."

이메일을 보낸 익명의 독자는 돈 버는 비법을 다른 사람들이 자세히 알면 자신이 부자가 되는 데 방해가 되니까 앞으로 이런 기사를 자제해 달라고 부탁하고 있다.

독자가 말한 좋은 기사의 소재가 된 인물은 누구일까? 바로 이건선 부림저축은행 대표가 주인공이다. 이 대표는 평범한 월급쟁이에서 출발해 금융권 최고경영자CEO 자리까지 꿰찬 입지전적 인물이다. 금융권에서는 재테크의 달인으로 손꼽힌다.

이 대표는 "내가 벌고 싶은 돈보다 더 벌었다"고 솔직하게 말한다. 그렇다고 해서 그가 돈주머니를 꽉 쥐고 금고만 가득 채우는 건 아니다. 사재 수십억 원을 들여 폐교 위기까지 갔던 폐광촌 학교를 대도시에서도 찾기 힘든 '첨단 학교'로 만들어 화제를 모았다. 진정한 노블리스 오블리제(가진 자의 도덕적 의무)를 실천하는 것이다.

직장 새내기, 눈높이는 1억 원에 맞춰라

나는 인터뷰 제안을 한사코 거절하던 이 대표를 설득해 간신히 인터뷰 자리까지 끌어냈다. 그가 경험을 통해 터득한 직장인용 돈 모으기 노하우는 아주 간단했다.

"직장인들이 '1·3·5·10 시스템'만 독하게 실천한다면, 젊을 때는 다소 고생스럽겠지만 은퇴 시점에는 남들보다 더 활짝 웃을 수 있을 겁니다."

이 대표가 말하는 1·3·5·10 시스템은 언뜻 들으면 별것 아닌 것 같지만 실천하기는 무척 어렵다. 우선 1억 원의 종자돈을 모으는 것을 목표로 삼은 다음 이를 3억 원, 5억 원, 10억 원으로 단계적으로 늘려가는 방식이다.

첫 번째 고지인 1억 원을 정복할 때까지는 오로지 절세형 금융상품과 예·적금상품만 활용해야 한다.

"원금 손실이 있는 상품 투자는 종자돈이 생길 때까지 참아야 해요. 이와 별도로 보장성 보험은 필수로 가입해야죠. 큰돈을 모으기도 전에 사망하면 유가족들에게 재무적인 위험이 닥치게 되니까요."

뚜벅이가 먼저 성공을 꿰찬다

이렇게 1억 원을 만들어갈 때 반드시 버려야 할 재테크의 적敵이 있다. 자동차와 신용카드가 그것. 자동차를 사게 되면 세금과 보험료, 기름값 등의 지출이 만만치 않은데다, 자동차가 있다는 이유로 외출을 더 자주 하게 돼 헛돈이 나가게 된다는 설명이다. 자동차는 말 그대로 '돈 먹는 하마'라는 것. 신용카드 역시 불필요한 낭비를 부추길 수 있는 소비 주범이다.

이 대표는 "1억 원을 만들 때까지는 독한 마음을 먹고 자동차와 신용카드를 버려야 한다"며 "남들에게 왜 그렇게 궁상맞게 사느냐는 말을 들어야만 돈을 빨리 모을 수 있다"고 했다.

물론 자기계발도 성실히 해나가야 한다. "회사 돈으로 전문지식을 쌓아가면서 몸값을 올려나가야 합니다."

회사마다 직원들의 자기계발을 위한 투자를 아끼지 않고 있으며, 정부도 일정 조건을 갖춘 근로자에게 최대 300만 원까지 수강료를 지원해 주고 있다. (자세한 정보는 직업능력개발훈련 정보망에서 찾아보면 된다.) 젊었을 때 스스로에게 시간과 비용을 투자하는 것이 장기적으로 보면 가장 큰 수익률을 올릴 수 있는 최고의 투자다. 당장이라도 스카우트하고 싶어서 남들이 호시탐탐 노리는, 그렇게 빼어난 능력을 가진 그룹에 속해야 한다고 그는 강조했다.

"간혹 큰돈을 벌겠다면서 업무시간에 상사 몰래 주식투자에 열중하는 사람들이 있죠. 하지만 이렇게 하는 사람 치고 일을 인정받으면서 재테크까지 성공한 경우는 단 한 명도 보지 못했습니다. 재테크에 완전히 신경을 끄라는 얘기가 아닙니다. 재테크는 나보다 더 뛰어난 선수에게 맡기고 자신은 스스로의 가치를 높이는 데 주력하는 게 더 수지 맞는 일이란 얘기입니다."

악착같이 절약하고 저축해서 종자돈 1억 원을 만들었다면 이제 포트폴리오를 다소 재편해야 한다. 1억 원을 모을 때까지 걸리는 예상 소요 시간은 약 5년.

"1억 원 중 40%는 위험자산에 투자합니다. 즉 2,000만 원은 배당이 많이 나오는 4~5개 고배당 종목에, 또 2,000만 원은 미래 가치가 기대되는 4~5개 미래주 종목에 투자하는 전략이죠."

이제 1억 원에서 3억 원을 만드는 과정은 훨씬 수월해진다. 그동안 몸값 올리기를 게을리 하지 않았다면 회사 내에서 승진해 월급도 늘어났고, 종자돈 1억 원도 그냥 앉아서 노는 게 아니라 별도의 수익을 만들어내고 있기 때문이다.

"3억 원 정도 만들었다면 아파트나 토지 등 부동산에 투자해 보는 것도 좋습니다. 실수요가 아닌 투자용이라면 재개발 예정지 등이 좋겠죠. 3억 원 종자돈에서 생기는 수익금을 대출이자로 감당할 수 있을 만큼만, 은행 빚을 지는 모험도 해볼 만해요."

악마에게 영혼을 팔지 마세요

다만 종자돈을 빨리 불리기 위해 무리하게 빚을 져서 주식에 투자하는 것은 반드시 삼가야 한다. 투자와 재테크는 한끗 차이기 때문이다.

"빚을 지는 것은 악마에게 돈을 빌리는 것이나 다름없어요. 남의 돈으로 투자하면 불안하기 때문에 목표 수익을 거둘 때까지 견뎌내지 못합니다. 도둑질해서 번 돈을 투자해도 마찬가지예요. 불안한 돈으로 투자하면 패할 수밖에 없어요. 부자들이 가난한 사람들보다 돈을 더 버는 이유도 바로 이 때문이죠. 돈을 벌려면 인내해야 하는데, 빚을 내서 투자하면 그 시간과 고통을 이기지 못합니다."

이 대표는 지금 20~30대 젊은이들이 실수요가 아닌 투자 목적으로 아파트를 사는 데 대해선 회의적이라고 했다. 우리나라 출산율이 점점 낮아지고 있기 때문에 향후 필요로 하는 주택 수가 지금 수준의 절반 이하로 줄어들 수 있다는 우려에서다. 집을 꼭 사야 한다는 고정관념을 버리고, 서울시에서 시행 중인 장기전세주택(시프트)이나

보금자리주택을 활용하는 등 별도의 대안을 찾아보라는 게 그의 충
고다.

지면 사정상 신문에는 자세히 쓰지 못했지만 "땅은 어디를 사야
하나요?"라고 물었더니 이 대표는 "땅을 산다면 돼지우리나 비닐하
우스 근처를 사야 한다"고 대답했다. 돼지우리? 이 무슨 뚱딴지같은
대답인지. 이 대표는 깜짝 놀라는 나를 진정시키면서 차근차근 설명
해 줬다.

"정부 입장에서 생각해 보세요. 국토를 정비한다면 가장 지저분하
고 더러운 곳부터 손대고 싶을 것 아니겠어요. 그런 지역 주변부터
서둘러 규제를 풀고 개발하려는 건 당연한 이치입니다. 돼지우리 근
처나 비닐하우스 인근이 대표적이죠. 공무원들도 지저분한 지역부
터 개발해야 한다고 상부에 보고해야 쉽게 허락을 받아낼 수 있을 테
고요."

이 대표의 설명을 듣다 보니 상품 투자의 귀재인 짐 로저스Jim
Rogers가 "한국 비무장지대DMZ 근처에 농지를 사두고 싶다"고 한 말
이 문득 떠올랐다. 지금 당장은 정치나 군사적인 이유로 자유로운
매매가 불가능하지만, 향후 통일 분위기가 무르익으면 환경적 가치
와 생산적 가치가 가격 대비 크게 뛸 수 있다는 게 짐 로저스의 주장
이었다. 비무장지대 근처는 지리상 서울과 매우 가까워 부동산으로
서의 잠재 가치도 높긴 하다.

자녀 때문에 배고프게 살 필요 없어

이 대표에게 은퇴 준비에 대한 노하우도 들려달라고 부탁했다. 그는 "행복한 은퇴를 하기 위해 필요한 금액은 지갑에 넣어둔 돈을 불안해하지 않고 쓸 정도면 된다"며 "현금 10억 원 정도면 충분하다"고 했다. 부동산만 갖고 있다면 주택연금(종신형 역모기지론)을 활용해 현금을 창출할 수 있다.

"자녀들한테 물려주기 위해 원금을 무조건 지키려고 하다 보니 남들 눈에 가난하게 보이는 겁니다. 죽을 때까지 쓰고도 남을 만큼 충분한 자산을 갖고 있으면서도 늘 가난하다고 하소연하는 사람들이 참 많죠. 죽을 때 재산을 제로로 만든다고 생각하면 가난하지 않습니다. 자녀에게는 내가 가진 재산의 10~20% 정도만 물려줘도 충분합니다."

돈만 물려주면 자녀가 돈의 소중함과 가치를 모르기 때문이란다.

"돈을 모으기 위해 고생해 보지 않은 사람은 돈을 끝까지 지켜내지 못합니다. 정성을 들여 한푼 두푼 돈을 모아온 사람이나 평생 지켜낼 수 있는 것이지, 유산을 물려받거나 복권 당첨 등으로 생긴 돈은 늙어서까지 간수하지 못합니다."

이 대표의 조언대로 열심히만 살면 나중에 저축은행을 인수해 CEO가 되는 것도 그리 어려워 보이지 않았다. 인터뷰를 하고 나서 이렇게 마음이 넉넉해지다니, 참으로 오래간만에 느껴보는 뿌듯함이었다.

황무지에서 보석을 캐다
이영두(그린손해보험 회장)

재계나 관계 인사들은 이영두 그린손해보험 회장에게 재테크 질문을 자주 한다. 돈에 관한 한 9단, 10단급이라는 대기업 회장까지도 그에게 '자문'을 구한다. 이 회장이 지난 1991년 당시 네 살과 한 살인 두 자녀에게 각각 1,000만 원어치씩 주식을 사줘 무려 200배(20억 원)나 불린 성공 비결을 듣기 위해서다.

"90년대 초만 해도 우리 주식시장은 실제 가치에 비해 엄청나게 저평가된 상태였죠. 아이들에게 주식을 물려주면 향후 은행 예금이나 부동산보다 훨씬 더 큰 수익을 안겨줄 것이라 생각했어요."

그의 투자 전략은 저평가된 종목을 골라 제대로 평가받을 때까지 기다리는 이른바 가치주 집중 공략이었다. 이 회장은 당시 일반인들의 관심을 크게 끌지 못하던 한국이동통신(현 SKT) 주식을 주당 4만 원씩 주고 샀다. 휴대전화 가입자 수가 고작 16만 명에 불과한 시절이었다.

"이동통신은 정말 막연하다 못해 생소하던 때였죠. 하지만 앞으로 우리나라 전 국민에게 휴대전화가 보급되는 시대가 반드시 오리라 확신했습니다."

얼마 지나지 않아서 무선호출기(일명 삐삐) 가입자 수가 폭발적으로 늘기 시작했고, 그가 산 주식도 승승장구해서 주가가 주당 500만 원을 호가했다.

"사람들은 주가가 2배 이상 뛰어버리면 빨리 팔아치우고 싶다는 욕망에 휩싸입니다. 하지만 정말 지금이 주식을 팔 때인지, 아니면 오히려 더 사 모을 때인지는 어느 누구도 모릅니다. 그래서 저는 나름대로의 원칙을 세워뒀어요. 투자 기업의 실적이 좋아지고 있고 훨씬 더 매력적인 회사를 발굴하지 못한다면 계속 보유하는 것이 옳은 전략이라고요."

이 회장은 "주식투자로 큰돈을 벌고 싶어 하는 사람들이 많은데, 남의 말만 듣고 투자해서는 돈 벌기가 어렵다"고 일침을 가했다. 예컨대 애널리스트들이 이구동성으로 추천하는 주식에 배팅해 봤자 고수익은 올릴 수 없다는 것이다.

"큰돈을 벌려면 역발상 전략이 필요합니다. 애널리스트 입장에서는 어떤 식으로든 사자 팔자 주문이 많이 나와야만 회사 이익에 도움이 됩니다. 큰 손해를 보면 안 되니까 보고서를 만들 때도 거래량이 많은 종목에만 치중하죠."

애널리스트들은 저평가되어 있지만 앞으로 크게 성장할 수 있는 종목에는 관심을 두지 않는다는 중요한 지적이었다.

여의도에는 친구가 없다

그렇다면 지금 자녀에게 물려줄 만한 유망한 주식은 무엇일까. 이 회장은 유망 종목을 콕 찍어주는 대신 "자녀에게 물려줄 주식이라고 해도 투자 대상 기업에 대해 늘 관심을 갖고 지켜봐야 한다"는 원칙적인 말로 답변을 대신했다. 투자 대상 기업의 경영 상황이 외부 변수로 인해 나빠질 수 있는 리스크가 항상 도사리고 있기 때문이다.

이 같은 관심이 여의치 않다면, 수수료가 싸면서도 시장 수익률만큼은 따라가는 인덱스펀드에 투자하는 것이 낫다고 했다. 앞서 설명한 바 있지만, 세계적인 투자 대가인 워런 버핏이 가장 우수한 금융 상품으로 꼽은 것도 인덱스펀드였다. 미국 시장에서 인덱스펀드는 개인 투자자는 물론 연기금, 보험과 같은 기관 투자가가 가장 선호하는 상품이기도 하다.

"직접 주식투자를 하다 보면 주가가 눈에 어른거려 일에 집중하기 힘들죠. 적립식으로 좋은 펀드를 골라 매달 이체하는 것이 안정적으로 돈을 모으면서 일에 열중할 수 있는 최고의 방법입니다."

과연 투자 시기는 언제가 좋을까? 이 회장은 모든 사람들이 겁에 질려 과매도oversell하는 '최악의 순간'이 왔을 때 기회를 낚아채라고 이 회장은 말한다.

"많은 투자자들이 정말로 주식을 사야 하는 폭락의 순간에는 공포 때문에 기회를 놓치고 맙니다. 하지만 내게 꼭 필요한 물건을 단골 가게에서 반값에 세일한다면 당장 사야 하지 않겠어요? 신기하게도 주식시장은 이 당연한 논리가 적용되지 않아요. 주가가 올라야 사람

들이 주식을 사고 싶어 하고, 반대로 주가가 내리면 모두들 주식을
팔고 싶어 하죠."

아무도 눈여겨보지 않을 때, 용기를 내어 좋은 텃밭에 튼실한 씨
를 뿌리고 기다리고 있으면 나중에 푸짐한 수확을 할 수 있다는 얘기
였다.

가시에 찔려야 장미꽃을 모은다
방미(가수)

1980년대 「날 보러 와요」란 노래로 인기를 누렸던 가수 방미씨. 부동산투자를 통해 자산 200억 원을 모은 성공담을 듣기 위해 방씨를 만났다. 그는 정통 이론가는 아니지만 27년간 발에 땀이 나도록 돌아다니면서 시행착오를 겪으며 나름대로 내공을 쌓아왔다. 초보자들을 위한 부동산투자 지침서까지 출간했다. 직접 몸으로 부딪치면서 터득한 부동산투자 비법을 전수받으려는 네티즌들이 연일 그의 블로그를 찾는다.

서울 이태원의 한 커피전문점에서 방씨를 만났다. 추운 겨울 날씨인데도 한남동 유엔빌리지에서부터 30분 넘게 걸어왔다고 했다.

"자동차가 없거든요. 집 구경, 땅 구경 하려면 부지런히 걸어야죠."

망치로 머리를 한 대 쾅 얻어맞은 듯한 느낌이었다. 눈부신 고가 명품으로 치장한 연예인들 모습에 익숙한 내게, 그녀의 검소한 생활은 충격이었다.

인터뷰는 매우 빠른 속도로 진행됐다. 그녀는 내숭을 떨거나 숨기는 스타일이 아니었다. 오히려 스케일이 큰, 화통한 여장부에 가까웠다.

방씨는 지난 78년 가수로 데뷔하자마자 아파트로 재테크에 나섰고, 고수익을 좇아 끊임없이 움직였다. 27년간 이사만 서른 번. 신반포, 방배동, 여의도 등지에 있는 아파트를 6개월~1년 주기로 갈아타면서 사고팔기를 거듭했다. 매번 성공한 것은 아니지만 1억 원에 매입한 아파트가 2년 만에 5억 원대로 치솟기도 해서 쏠쏠한 수익도 챙겼다.

"서울 시내에 빌딩이 모두 몇 채인지 아세요? 4만 채가 넘는대요. 별처럼 많고 많은 빌딩 중에 내 것은 하나도 없다고 생각하면 씁쓸하죠. 돈은 은행에 넣어두면 그냥 종이잖아요. 종이를 통제할 수 있는 수단으로 부동산이 최고라고 생각했어요."

재테크는 곧 족足테크

그녀의 부동산투자 원칙은 살 때부터 팔 때를 생각하는 것이다. 아파트를 사서 시세 차익이 생기면 과감하게 팔아치워서 수익을 현실화했다. "아파트로 재테크하려면 평생 한 집에서 살겠다는 생각은 버려야 해요."

지난 93년 한국 생활을 정리하고 떠난 미국 뉴욕에서도 그는 한국에서의 경험을 살려 과감히 부동산투자에 도전했다. 97년 뉴욕 맨해

튼의 한 콘도를 분양받은 뒤 1년 후에 처분해 갑절이 넘는 수익을 남
겼다. 마침 한국에서 IMF 외환위기가 터졌고, 한국의 환율 흐름과
금리 추이를 지켜보다가 집 판 돈을 한국으로 몽땅 송금해 환차익까
지 손에 쥐었다.

그러나 주식에는 거의 손대지 않았다고 한다. "주식은 악재가 터
지면 한순간에 휴지 조각이 되잖아요. 하지만 부동산은 집값이 폭락
해도 최소한 집이라는 실체는 남으니까, 그냥 내가 들어가서 살기라
도 하면 되죠."

다만 부동산 중에서도 땅투자만큼은 말린다. "땅은 한 번 사면 최
소 10년 이상 긴 시간을 기다려야 하고, 팔고 싶을 때 팔 수도 없으니
까요." 그는 "부동산은 살 때보다 팔 때가 더 중요하다"면서 "투자
가치로만 따지면 지방에 있는 땅 수천 평보다 언제든지 현금으로 만
들 수 있는 서울 강남의 작은 오피스텔이 훨씬 높다"고 했다.

쓴맛을 봐야 세상이 보인다

방씨는 돈을 모으는 과정에서 고생도 많이 했다는 점을 슬며시 털
어놨다.

"인생에는 높낮이가 있잖아요. 저도 레스토랑과 도가니탕 가게를
차렸다가 몇 개월 만에 망했고, 친한 사람한테 사기를 당해서 재산
도 날리고, 실패를 여러 번 겪었죠. 내 인생의 오점들입니다. 지금도
사기꾼은 용서할 수 없지만, 성공하기 위해 수업료를 치른 거라고
생각하기로 했어요. 돈은 다시 벌면 되니까요."

방씨는 실수요자가 아니라면 수도권 외곽 지역 아파트는 신중히 접근해야 한다고 강조했다.

"미분양 아파트는 값이 싸다고 해서 무심코 잡았다가 큰코다치기 쉽습니다. 외곽 지역은 앞으로 주택 공급이 꾸준히 늘어날 것이기 때문에 나중에 털고 나오기가 쉽지 않을 거예요."

도심 역세권처럼 경기 변동에 큰 영향을 받지 않고 꾸준한 매매가 이뤄지는 곳에 투자해야 성공 확률이 높다는 것이다.

"이웃나라 일본을 봐도 알 수 있듯, 인구 구조가 바뀌면서 외곽 쪽은 집값 변동성이 커질 수 있습니다. 앞으로 해외에 내 집 드나들 듯하는 젊은이들이 늘어날 텐데, 이들이 굳이 국내 외곽의 값비싼 아파트를 찾지도 않을 테고요."

외곽은 가라, 도심이 대세

방씨는 "초보자일수록 도심에 있는 핵심 부동산을 잡아야 안전하다"고 강조했다. 어디가 유망한 지역인지 족집게처럼 콕 찍어달라고 하자, "투자 목적이든 실수요 목적이든 서울 강북 지역을 눈여겨보라"고 했다.

5~10년 후를 내다본다면 국제업무단지, 뉴타운 개발 등으로 호재가 많은 용산이 투자 1순위라며, 강남 테헤란로를 뺨치는 부촌 중 하나로 급부상할 것이라고 예상했다. 용산은 이미 값이 많이 뛰지 않았느냐고 묻자, 방씨는 "직접 가봤어요?"라고 바로 되물었다.

"가보지도 않고 비싸다고 하는 사람들이 많은데, 열심히 뒤지면 아직 오르지 않은 저가의 물건을 찾을 수 있어요. 설마 그런 것까지 저보고 몽땅 찾아달라는 건 아니죠?" 우문愚問에 현답賢答이었다.

그는 "강남은 이제 개발이 거의 완료돼 포화 상태"라며 "강남에 비해 강북은 상대적으로 낙후되어 있어 재개발 가능성이 높다"고 말했다.(한강변 용산은 2010년 봄 한 신문사가 실시한 '10년 후 가장 인기 있을 주거 지역은 어디가 될 것으로 생각하느냐'는 설문조사에서도 서울 강남을 제치고 당당히 1위를 차지했다.)

방씨는 부동산 분산투자 차원에서 해외, 특히 미국 부동산투자에 관심을 갖고 있다고 했다. 한미 자유무역협정FTA과 무無비자 시대에 대비하겠다는 것이다. 늘어나는 미국 유학생, 장기 체류자 등의 수요를 겨냥해 미국 뉴욕에 콘도를 사는 게 목표란다.

방씨는 인터뷰 말미에 경제뉴스 읽기를 강조했다. "요즘 젊은 사람들, 인터넷으로 연예뉴스나 보는데 노후에 고생하지 않으려면 경제뉴스를 탐독해야 해요. 경제 뉴스를 오래 읽다 보면 전반적인 경제 흐름을 알 수 있게 되고, 장기투자를 하는 사람에게는 정말 소중한 가이드 노릇을 하거든요."

정보 도둑 넘치는 시대, 안전하게 살려면

나는 매년 연말마다 신년맞이 대청소를 한다. 집안 곳곳 먼지 한 톨 없이 닦고 쓸고 턴다는 얘기가 아니다. 정보의 바다라는 인터넷에서 나의 개인정보를 깨끗하게 정리한다는 얘기다.

대다수 사람들은 아이디와 비밀번호 한 가지를 이용해서 여러 인터넷 사이트에 가입한다. 보안상 여러 아이디와 비밀번호를 번갈아 쓰는 것이 좋다는 건 알지만, 여러 개를 사용하다 보면 기억이 잘 나지 않으니 하나로 통일해서 쓰는 경우가 많다. 그런데 이게 바로 허점이 되어 내 개인정보를 더 쉽게 도둑맞는다. 요즘 같은 정보화시대에 인터넷을 완전히 끊고 살 수도 없는 노릇이니 결국 스스로 안방 단속을 할 수밖에 없다.

우선 나도 모르는 사이에 내 정보가 털리지는 않았는지부터 확인해보자. 이때는 개인정보 검색 사이트를 활용하면 된다.

한국신용평가정보의 크레딧뱅크www.creditbank.co.kr, 서울신용평가정보의 사이렌24www.siren24.com, 한국신용정보의 아이디체크www.idcheck.co.kr 등은 주인도 모르게 가입된 사이트를 찾아내거나, 혹은 예전에 가입했지만 가입한 사실 자체를 잊어버린 사이트를 찾아준다. 네이버·다음 등 유명 포털 사이트뿐만 아니라 게임·홈쇼핑 등 1,000여 개 사이트의 가입 현황을 확인할 수 있다. 현재 가입 중인 사이트 수 등 전반적인 상황은 무료로 알려주지만, 좀더 자세한 정보를 알아보려면 유료(1,000원)로 회원 가입을 해야 한다.

이외에도 '개인정보 유출 확인 사이트'라고 검색창에 치면 사이트 수십 개가 주르르 올라온다. 하지만 개인정보를 수집하기 위한 짝퉁 사이트도 섞여 있으니 조심해야 한다.

예전에 가입해둔 사이트에서 탈퇴하려면, 해당 사이트를 찾아다니면서 '회원 탈퇴'를 신청하면 된다. 아이디와 비밀번호만 알면 금방 처리할 수 있다. 그런데 일부 홈페이지는 '회원 탈퇴' 코너를 일부러 꼭꼭 숨겨두기도 한다. 아예 회원 탈퇴 자체가 불가능한 홈페이지도 있다.

인터넷상에서 개인정보와 관련한 분쟁이 발생했다면 한국인터넷진흥원(전화 : 국번 없이 1336)에 도움을 청하면 된다. 가급적 인터넷 사이트에 무분별하게 회원 가입하는 것은 자제하는 편이 좋고, 아이디와 비밀번호를 수시로 바꾼다든가 혹은 회원 탈퇴를 하는 청소는 주기적으로 하는 게 가장 안전하다.

05

부자탐구생활

돈 힘을 키우는 매직 키워드 8가지

"아이가 돈, 돈 하면서 따지는 게 너무 싫어."

브루마블 게임을 하면서 경제 마인드가 생기게 된 일곱 살 딸아이가 영 못마땅하다는 친구의 말에 충격을 받았다. 친구뿐만이 아닐 것이다. 돈에 대해 말하는 것을 상스럽고 천하게 여기는 태도는 어디서나 쉽게 볼 수 있다. 한국은 반反 부자 정서가 가장 강한 나라 중 하나다. 그 옛날 최영 장군도 "황금 보기를 돌같이 하라"는 가르침을 남기지 않았던가. 엽전을 의인화한 소설인 임춘의 《공방전孔方傳》도 돈의 생김새를 마땅치 않게 봤다.

돈에 관한 한, 우리나라 사람들은 마치 지킬 박사와 하이드씨처럼 다소 이중적인 태도를 보인다. '부자 되세요!'의 유혹 앞에 한없이 약한 절대다수인 보통 사람들에게 부富는 존경보다 질시의 대상이다. 그래서 습관적으로 부자를 졸부로 매도한다. 그러는 한편, 자기는 돈이 많았으면 좋겠다고 바라고, 월급을 더 많이 주는 직장에 다니고 싶어 한다.

중국에서 성공한 한 중소기업 사장은 중국이 빠르게 발전한 비결을 이렇게 설명했다.

"중국이 발전한 이유는 여러 가지가 있겠지만, 가장 큰 이유는 부자를 인정하는 사회 분위기인 것 같아요. 중국에서는 열심히 일해 부자가 되면 나이가 많든 적든 그 사람을 존중합니다. 부자를 우대한다는 게 아니라, 그가 땀을 흘려 얻어낸 결과를 인정하는 거죠. 그런데 한국은 그렇지 않은 것 같아요."

부자를 배워야 부자가 된다

부자를 '경제적 속박에서 벗어난 사람'이라고 정의한다면, 일반인 입장에서는 배워야 할 부분이 많은 게 사실이다. 허나 부자라고 하면 다짜고짜 비난의 화살부터 던지는 사람들이 있다. 부정한 방법을 써서 돈을 모았다는 것이 그 이유다. 부정적인 생각으로 부자를 멀리 한다면 부자가 되기 어렵다. 반드시 부자일 필요는 없겠지만, 그렇다고 가난이 자랑은 아니다.

투기와 편법으로 축재를 거듭하면서 사회적 책임에는 무관심한 부자도 적지 않다. 그렇다고 해서 남들보다 수백 배 열심히 노력해서 떳떳하게 돈을 벌며 세금도 양심적으로 다 내는 진짜 부자가 없다고 생각하면 오산이다. 겉으로 나서지 않을 뿐이지 정도正道를 지키는 참부자淸富들은 우리 주변에 분명 있다.

대한민국 1% 안에 드는 참부자들의 비결은 무엇일까? 그들은 도대체 평범한 우리와는 무엇이 다를까? 〈05 부자탐구생활〉에서는 올바른 길을 걸어가는 부자들에게 우리가 배울 수 있는 부자 유전자 8가지에 대해 살펴보겠다.

일률적으로 말하긴 힘들지만, 신한은행이 직원들을 상대로 조사한 결과에 따르면, 부동산을 뺀 금융자산 규모가 15억 이상인 사람이 부자라고 답한 비율이 67%로 가장 높았다. 2010년 한길리서치 연구소 조사에서는 현금과 부동산, 주식 등을 합친 총 자산이 34억 원이면 부자라고 볼 수 있다는 결과가 나왔다. 2006년만 해도 20억 정도 있으면 부자라는 의견이 대세였는데, 그새 물가 상승률이 반영되면서 부자의 기준이 꽤 높아졌다.

헛돈은 쓰지 않는다

무조건 빨리 부자가 되려고만 덤비는 사람은 절대로 부자가 될 수 없다. 부자 되는 비법은 사실 뾰족한 게 없다. 자수성가하여 부자가 된 사람들의 성공담을 들어보면 우리가 알고 있는 원칙에서 크게 벗어나지 않는다. 버는 돈보다 덜 쓰면 된다. 소비를 줄이고 저축을 많이 하면 돈을 모을 수 있다는 얘기다. 정말 시시할 정도로 간단한 원칙인데, 세상에 부자가 그리 많지 않은 걸 보면 실천하기가 쉽지 않은가 보다.

혹자는 부자들은 돈이 많으니까 씀씀이가 헤플 것이라 생각하기도 한다. 하지만 이건 사실이 아니다. 부자라고 해서 돈을 펑펑 쓰는 건 아니다. 오히려 절약을 지독하게 실천하는 부자들이 많아서 주변 사람들이 혀를 내두를 정도다. 머리부터 발끝까지 명품 가방과 고가 시계로 휘감고, 외제차를 타고 부티를 내면서 다니는 부자는 극소수다. 수백억대 재산을 가진 고객인데, 은행에 오면서 허름한 옷차림에 오래된 중형 승용차를 타고 와 직원들이 놀랐던 일도 많다고 한다.

돈이 많은 사람일수록 지출 내역을 꼼꼼히 따져 단 1원도 흘려보내지 않으려 노력한다. 통장에 10억 원 넘게 넣어둔 한 거액 자산가는 항상 "세금과 공과금은 반드시 납부 기한 마지막 날에 내달라"고 은행 지점장에게 부탁한다. 돈이 하루라도 계좌에 오래 머물러 있어야 이자를 0.1%라도 더 얻을 수 있다는 생각에서다.

도곡동에 있는 A은행 지점장이 들려준 재미있는 이야기 한 토막. 강남에 있는 은행과 증권사 지점장들은 VIP 고객이 일을 보고 돌아갈 때 무료 주차 도장을 받았는지 반드시 확인한다고 한다. 지점장들이 먼저 챙겨주지 않아 VIP 고객이 주차비를(단돈 1,000원이라도) 내게 되는 불상사를 미연에 방지하기 위해서다.

"최고급 외제차를 몰고 와서 일을 보더라도 무료 주차 도장은 꼭 챙겨가십니다. 만약 저희가 챙겨드리지 않아서 주차비를 내게 되면 나중에 불호령이 떨어집니다. 아까운 돈(주차비)을 쓸데없이 쓰게 했다고요."

부자들이 돈을 쓰는 행위 자체를 거부하는 것은 아니다. 다만 필요 없는 소비는 절대 하지 않겠다는 습관이 몸에 배어 있는 것이다. 돈을 함부로 쓰지 않는다고 표현해도 되겠다. 값비싼 명품을 사느냐 마느냐의 문제가 아니라 '이유 있는 선택'인지 아닌지를 따져보는 것이다. 아무리 비싸도 내게 필요한 것이면 사고, 제아무리 싼 물건이라도 왜 싼지 납득하지 못하면 사지 않는다.

수백억대 부자와 순댓국 점심

부자들은 재테크 귀재이기 이전에 절약의 고수다. 부자들은 평소 검소하게 생활하며 지출을 줄여서 투자 여력을 확보해 나갔다는 공통점이 있다. 돈이 새나가는 구멍도 늘 체크하기 때문에 손해 보는 법이 없다.

돈에 관한 한 세상에서 가장 밝다는 워런 버핏은 50년째 낡은 벽돌집에서 살고 있다. 그가 몰고 다니는 차는 10년이 넘은 고물이고, 즐겨 먹는 음식은 햄버거와 콜라다. 고(故) 정주영 현대그룹 명예회장도 절약의 고수로 통한다. 그는 구두가 닳지 않게 하려고 굽에 징을 박아넣었고, 그렇게 해서 단 세 켤레의 구두를 30년 넘게 신고 다녔다. 정 명예회장이 살던 서울 청운동 집의 거실에는 그 흔한 그림이나 장식품도 없었다고 한다.

부자 고객을 전담하는 금융회사 직원들은 수백억 원을 가진 고객인데도 너무 짤 때가 많다고 푸념한다. 가령 점심값으로 5,000원을 넘기는 법이 없다. A은행 재테크팀장의 경험담을 들어보자.

"한 해 매출만 500억 원이 넘는 회사를 운영하는 회장님이셨어요. 하루는 외곽에서 점심을 사주겠다고 해서 잔뜩 기대를 하고 따라갔죠. 그런데 변두리로 데리고 가더니만 순댓국 한 그릇을 시켜주더군요. 이 집 음식이 아주 별미라고 치켜세우면서요. 소주는 샘플 남은 걸 달라고 하시고요. 나중에 가격표를 슬쩍 보니 순댓국이 5,000원이더군요."

공짜 싫어하는 사람 없다지만, 자영업으로 자수성가한 알부자들

은 공짜 제품이나 싸구려 제품을 명품보다 더 좋아한다. 그래서 금
융회사에서 주는 기념품을 하나라도 꼭 챙기려 든다. 혹시라도 기념
품을 받지 못하면 왜 자기에게만 챙겨주지 않느냐며 토라진다니, 재
미있다.

한 대형 보험사 재테크팀장이 들려준 에피소드다. 그는 80대 할아
버지 고객이 채권 100억 원어치를 잘 팔아줘서 고맙다며 선물을 가
져왔기에 기쁜 마음으로 받았다. 그 고객이 채권에 투자한 이후 금
리가 급격하게 출렁대면서 추가 수익을 1억 원 넘게 올렸기 때문에
작은 답례 정도는 받아도 괜찮겠다고 생각했기 때문이다. 고급 선물
일 줄 알고 잔뜩 기대하며 포장지를 뜯었는데, 내용물을 보고선 헛
웃음부터 튀어나왔다고 한다. 지금은 망해서 사라진 D업체가 만든
구식 헤어드라이어가 상자 안에 들어 있었기 때문이다. 상자 표면에
인쇄된 글씨들이 희미해진 모양새를 보아 하니 아주 오래전에 사은
품으로 받은 선물 같았다고 한다.

돈맛: 돈을 벌거나 모으는 재미

"부자는 되고 싶지만 그렇다고 해서 구질구질하게 살고 싶지는 않
아요. 저축하느라 얽매여서 돈의 노예로 살긴 싫어요. 무리해서 돈
을 마구 쓰는 것은 문제겠지만, 그렇다고 짠돌이라고 구박받으면서
궁상맞게 살고 싶지는 않아요."

우리 주변에는 이렇게 생각하는 사람이 제법 많다. 어차피 한 번만
살다 갈 인생인데 '돈맛'도 모른 채 살고 싶지는 않다는 것이다.

국어사전에서 '돈맛'의 의미를 찾아봤더니 '돈을 쓰거나 벌거나 모으는 재미'라고 돼 있다. 보통 사람들에게는 '돈을 쓰는 맛'일 테지만 부자들에게는 '돈을 벌고 모으는 재미'일 터다. 후자의 돈맛은 지금 당장은 씁쓸하지만 시간이 흐를수록 달콤해진다.

10년 넘게 고액 자산가들의 자금을 관리하고 있는 장진이 삼화저축은행 수신팀장의 얘기다.

"개미같이 열심히 한 푼 두 푼 모아 큰돈을 번 고객들이 많아요. 셋방에서 시작해 집을 마련하고, 여기에 돈을 보태서 불렸대요. 주식으로 큰돈을 만진 분들도 간혹 있지만, 주식의 주株 자도 모르면서 부자가 된 사람들이 더 많아요. 그분들을 보면 저도 희망이 생겨요. 나도 부지런히 일해 돈을 모으면 30년 후에 저분들처럼 부자가 될 수 있겠지 하고요."

아무도 가르쳐 주지 않는 부자들의 지갑 여는 법

부자들은 지갑을 열 때 아주 신중하다. '백상어'로 유명한 호주 출신 골퍼 그레그 노먼Greg Norman은 '30-30-30-10 룰'로 재산을 관리한다. 세금 30%, 생활비 30%, 저축 30% 그리고 나머지 10%는 필요할 때를 대비해 비상금으로 떼어놓는다. 단순하지만 지키기는 어려운 원칙을 17살 때부터 고수하고 있다니 놀랍다.

미리 세워둔 원칙대로 소비하는 건 노먼만이 아니다. 부자들이 애용하는 소비 법칙 중에 '1-10-30 룰'이란 게 있다. 소비 금액별로 '과연 이 지출을 꼭 해야 할까'라고 고민하는 데 들여야 하는 시간을 말한다. 가령 1만 원짜리 물건을 사기 전에는 1시간, 10만 원짜리는 10일, 100만 원짜리는 30일간 고민한 뒤에 살지 말지를 결정한다는 것이다. 지금 당장 필요한 것 같아도 다시 생각하면 절반 정도만 필요할 수 있고, 다시 한 번 더 생각하면 전혀 필요하지 않을 수도 있기 때문이다.

중요한 건 적은 돈이라도 헛되이 쓰지 않는 습관 그 자체다. 누구인들 돈 쓰는 일을 싫어하겠는가. 하지만 이렇게 생각해 보자. 농부가 가을에 풍성한 수확을 하려면 정성껏 씨앗을 심고 돌봐야 한다. 그저 단순히 씨앗만 심어놓고서는 원하는 만큼의 결실을 얻을 수 없다. 싹을 틔우고 잎이 나고 마지막으로 열매를 맺기까지 농부는 끊임없이 수고하고 희생한다. 종자돈은 희생 없이는 모을 수 없다.

노다지는 바로 캔다

"재테크 책들은 이것저것 다 사봤지만 결국은 다 똑같더라고. 나도 할 수 있는 뻔한 말들만 죽 늘어놨을 뿐이야."

오래간만에 만난 친구가 다짜고짜 불평부터 늘어놨다. 재테크 책이라고 해서 들춰보면 하나같이 '월급의 절반 이상은 저축하라' '투자는 반드시 여윳돈으로 하라' 등 천편일률적인 내용들만 담고 있어 불만스럽다는 얘기다.

이 친구처럼 부자가 되는 비법이 궁금해서 재테크 서적을 열심히 찾아 읽는 사람들이 많다. 마치 재테크 책을 많이 사서 읽으면 바로 부자가 될 수 있을 것처럼 재테크 서적에 구원의 손길을 내밀어, 가슴에 품고 밑줄까지 쳐가면서 탐독한다. 하지만 현실은 그렇게 녹록지 않다. 가령 《1주일에 100% 수익 올리기》라는 제목의 책이 있다고 하자. 그런 식으로 금방 떼돈을 벌 수 있는 방법이 있다면(아마 있지도 않겠지만!) 왜 굳이 남들에게 공개적으로 가르쳐주겠는가. 글쓴이가 박애주의자라서?

많은 사람들이 얘기하듯, 정보는 분명 돈이다. 그러나 책을 들춰보고 인터넷에서 구한 정보를 내가 스스로 정밀하게 분석한 다음 소신 있게 실천에 옮길 때 살아 있는 정보로 부활하는 법이다. 불철주야 공부해 정보를 많이 아는 사람이 부자가 된다고 하면, 이 세상은 부자로 넘쳐날 것이다.(재테크 책을 수백 권 읽었다고 해서 부자가 되었다는 사람은 보지 못했다.) 정보는 양量이 중요한 게 아니다. 정보를 듣고 실행에 옮기느냐 아니냐가 관건이다.

물고기처럼 움직여라

부자들 중에는 돈을 살아 있는 물고기에 비유하는 사람들이 많다. 부산에 사는 자산가 U씨의 '물고기론'은 간명하다.

"물고기는 작은 파동에도 쉽게 도망치지만, 먹이를 뿌려주면 재빨리 몰려들죠. 하지만 모든 물고기가 공평하게 먹이를 골고루 나눠 먹진 못해요. 신속하게 움직이는 물고기만 먹이를 차지하죠."

부자들은 '재테크 유목민'처럼 돈 냄새를 쫓아다닌다. 입지 좋은 곳에 세워지는 아파트의 모델하우스라고 하면 반드시 찾아가본다. 예금 금리를 0.1% 포인트라도 높게 준다고 하면 아무리 멀어도 찾아간다.(부자들이 금융회사를 옮겨다니는 건 당연한 것 같다. 원금이 10억이면 이자 0.1% 포인트 차이가 100만 원이니까.)

서울의 한 저축은행 대표는 주말마다 아내와 함께 중개업소 탐방을 다니는 게 취미다. 한가해서가 아니라, 부동산시장이 어떻게 돌아가는지 알아보기 위해서다.

"돈이 흐르는 곳에 발을 담가두고 있으려면 물고기처럼 항상 움직여야죠."

부산에 사는 70대 자산가의 성실한 재테크 생활습관도 먹이를 찾아다니는 물고기처럼 분주하다. 그는 미국 주식시장을 다룬 영자신문을 오려 두었다가 영어 잘하는 사위에게 물어보기도 하고, 아침에는 눈뜨기 무섭게 TV를 켜 해외 주식시장 동향을 꼼꼼하게 살핀다. 그 연세에도 뉴스와 신문을 매일 빠짐없이 보고 있어 세상이 어떻게 돌아가는지 훤히 알고 있다.

또한 정기적으로 서울 강남지역 저축은행에까지 찾아와 금융 거래를 한다. 부산보다는 서울 지역의 저축은행들이 고객 유치 경쟁으로 금리를 더 후하게 얹어주기 때문이란다.

할아버지는 주요 일간지가 발행하는 재테크 섹션도 열심히 살핀다. "요즘은 은행이나 증권사들도 무한 경쟁 체제잖아. 예전 같았으면 극비에 부쳤을 고급 정보를 신문에 소개하기도 해. 그런 내용들을 읽고 주위 전문가들에게 필요한 조언을 받아 투자하면 알짜 수익으로 돌아오지."

부지런한 부자들 목격담은 끝이 없다. 공모주 청약에 대한 관심이 한창 높을 때였다. 한 증권사 지점장이 이런 얘기를 들려줬다.

"50억 원 정도 맡기신 고객이었는데 뇌졸중으로 쓰러지는 바람에 거동이 불편했어요. 그런데도 공모주 청약을 하겠다면서 직접 지점까지 찾아오셨더군요. 경쟁률이 높아서 청약받은 것은 고작 150만 원어치밖에 안 됐는데 말이에요. 본인에게는 푼돈 수준일 텐데도 투자 기회라고 생각하면 놓치지 않는 독한 모습에 정말 놀랐습니다."

일반인들이 '귀찮아서' 혹은 '몇 푼 안 된다'고 외면하는 재테크라 할지라도 부자들은 발품을 팔면서 찾아다닌다. 시간이 펑펑 남아돌아서 그러는 것은 절대 아니다. 돈을 벌려면 돈이 흘러가는 길목을 지켜야 한다는 걸 알기 때문이다.

투자 고민은 신중하게, 결정은 번개처럼

부자들 옆에서 일하는 은행이나 증권사 직원들이 고객들처럼 부자가 되는 경우는 드물다. 중이 제 머리 못 깎는다는 말이 절로 떠오른다. 왜일까? 아무리 정보를 많이 알고 있더라도 강력한 실천력이 뒤따라주지 않는다면 소용없기 때문이다. 조금만 더 살펴보고 행동해야겠다는 생각이라면 백날 투자 정보를 모아봤자 헛수고다. 너무 오래 엎드려만 있으면 기회를 낚아채는 직관과 방법을 잊어버린다.

부자들은 돈을 벌 수 있는 확실한 투자 수단이라는 생각이 들면 초지일관 밀어붙인다. 새로운 투자 아이템을 발견하면 꼼꼼히 따져보고, 확신이 서면 우물쭈물하지 않고 바로 투자를 감행한다. 시장이 오를 만큼 올라 더 올라갈 곳이 없는 '끝물'에 가서야 뒤늦게 투자 결정을 내리는 일반인과는 정반대다.

일산에 사는 C병원장은 어느 날 우연히 조간신문 국제면에서 워런 버핏이 중국의 한 전기자동차 회사에 투자했다는 뉴스를 읽게 됐다. 진날 중국에서 일하는 대학 동창과 만나 저녁식사를 하면서 중국시장의 발전 가능성과 중국 정부의 정책 방향 등에 대해 다양한 정보를 접한 참이었다. 그는 신문을 내려놓고 증권사 지점장 친구에게 전화를 걸어 바로 해당 회사의 주식을 매수했다.

C병원장이 사들인 주식은 이후 껑충 뛰어 200% 이상의 높은 수익률을 올렸다. C병원장은 지인들에게 정보를 얻은 데 그치지 않고 바로 행동으로 옮겨 결실을 거뒀다. 부자들은 기본적으로 의심이 많아 선택은 최대한 신중히 하지만, 일단 결심이 서면 민첩하게 실행으로 옮긴다.

투자 원칙은 '무소의 뿔처럼'

부자들은 잘 모르는 곳에 투자하는 우를 범하지 않는다. 최첨단 금융공학이 낳았다는 복잡한 투자상품 같은 것에는 별 관심이 없다.

주식시장이 뜨거운 활황세를 계속하고 있을 무렵, 강북 지역의 부자들을 상대하는 한 지점장을 만났다. 당시 펀드를 외면하고 예금만 고집하면 '원시인' 소리를 듣기 십상이었다. 나는 지점장에게 "요즘은 어디에 돈이 많이 몰리나요? 역시 펀드죠?"라고 물었다. 그런데 그의 반응이 의외였다. 그는 고개를 절레절레 흔들더니, "아무리 설득해도 고객들이 예금만 고집하고, 펀드 같은 투자상품은 잘 모른다면서 돈을 맡기지 않아 골치 아프다"고 하소연했다.

알고 보니 이 지점 고객이 대부분 70~80대 고령자였다. 고령자는 펀드 같은 위험 자산에 투자했다가 만에 하나 손실을 보게 되면 젊은 세대에 비해 만회할 시간이 부족하다. 지점장 입장에서야 실적이 늘지 않으니 속은 타겠지만, 고객은 자신이 처해 있는 상황을 정확히 알고 지금까지 애용해 왔던 예금에만 집중하는 것이다.

서울 강남에서 증권사 지점장으로 있는 A씨와의 인터뷰 자리에서 생긴 일이다. 강남은 부자 고객이 많으니까 A씨가 일하는 강남 지점의 수익이 전국에서 최고 아니냐고 물었다가 무안만 당했다.

"회사 입장에서 보면, 거액 자산가들은 돈이 안 된다. 오히려 5,000만 원에서 1억 원 정도 되는 금액을 가진 고객이 가장 고맙다."

보유자산이 많을수록 증권사 직원을 덜 의존하기 때문이란다. 증권사는 고객이 주식을 많이 사고팔아 회전율이 높아져야만 수수료 수입이 생긴다. 하지만 기십 억씩 갖고 있는 강남 부자들은 자금에 여유가 있어 느긋하게 기다릴 수 있는데다 고급 정보를 많이 갖고 있기 때문에 주식을 팔거나 사라고 설득하기가 쉽지 않다는 것이다.

A씨의 고백을 적나라하게 풀어 써본다면 다음과 같지 않을까.

"일반인들이야말로 우리의 최대 먹잇감이죠. 우리가 하는 말을 곧이곧대로 다 듣고 주식을 자주 사고팔거든요. 덕분에 우리는 이익을 많이 챙길 수 있죠."

가끔 증권사 직원들이 친절한 목소리로 전화를 걸어올 때가 있다. 내가 지금 현금을 꽤 갖고 있고 어디에 투자해야 할까 고민한다는 사실을 다 알고 있기라도 한 것처럼 말이다. 현금이 하나도 없을 땐 전화 한 통 주지 않다가 꼭 현금이 생겼을 때만 먼저 전화를 걸어오다니 우연 치고는 참 묘하다고 생각했다. 나중에 증권사에서 일하는 친한 언니에게 그 이유를 물어봤다. "현금 들고 사흘 못 간다는 말이 있어. 현금을 보유하고 있으면 주식을 사고 싶어서 안달이 나 있을 거란 말이지. 그래서 현금을 갖고 있는 고객에게 직원들이 먼저 전화하는 경우가 많아."

　금융업은 신뢰를 바탕으로 해야 한다. 하지만 현실에서는 그렇지 않은 경우도 많다. 부자들은 덫의 위치를 알아내기 위해 본인 스스로 노력하지 않으면 언제든지 피해자가 될 수 있다는 사실을 잘 알고 있다.

8할과 반대로 간다

"남들과 반대로 투자하며 참고 기다리면 돈이 굴러온다."

일본 갑부 중 한 명인 이토야마 에이타로의 재테크 철학이다. 이토야마는 서른 살에 수십억 엔대 자산을 보유하고 18개 기업을 일으켰으며, 32세에 정치에 입문해 일본 역사상 가장 젊은 참의원이 된 인물이다. 그가 강조하는 재테크 원칙은 아주 간단하다. 남들이 살 때 팔고 남들이 팔 때 사야 한다는 것! 이토야마는 30년간 주식투자를 하면서 시장의 방향과 거꾸로 가는 투자원칙을 지켜왔다. 그는 투자자의 99%가 주가 하락으로 공황에 빠졌을 때 주식을 샀고, 반대일 때 팔았다. 모두가 아니라고 할 때가 기회라고 생각했기 때문이다.

부자들은 이토야마처럼 남들과 다르게 거꾸로 생각하는 '박쥐 전략'을 좋아한다. 소문난 잔칫집에 오히려 먹을 게 없듯, 경쟁이 치열해지면 먹을 게 없어지기 때문이다.

회사 창립 후 10년간 연평균 두 배 이상씩 성장을 거듭해 온 오케이아웃도어닷컴의 장성덕 사장도 성공 비결을 묻는 기자들에게 "남들과 다르게 생각하고 답을 찾으려 노력한 덕분"이라고 대답했다. 습관적으로 한 번 뒤집어서 생각해 보는 노력을 거듭해 남들과는 다른 차별화된 마케팅 방안을 만들어냈다는 것이다.

일반인들은 다른 사람들이 닦아놓은 넓은 길을 따라가면 성공할 수 있을 것이라고 생각하기 쉽다. 하지만 그 길의 끝에 낭떠러지가 숨어 있는 경우도 허다하다. 가뜩이나 자금력과 정보력이 부족한데 다른 사람들과 별반 다르지 않게 움직이면서 남들 뒤꽁무니만 쫓아다닌다면 성공하기 어렵다.

아슬아슬한 위험이 운명을 가른다

경기가 나빠지면 어느 가게가 가장 돈을 잘 벌까? 다소 뜻밖이지만 열쇠 가게라고 한다. 좀도둑들이 들끓어 이 집 저 집에서 열쇠를 바꾸려는 수요가 늘어나기 때문이란다.

생각해 보면 전쟁이 터져도 돈을 버는 사람은 반드시 있다. 다들 피난 가느라 살림살이도 제대로 못 챙기는 혼란스러운 시기지만, 요령껏 주머니를 두둑하게 채우는 사람은 있다.

부자가 된 사람들을 만나 비결을 물어보면 한결같다. 남들이 가지 않는 길을 가야 한다는 것이다. 위기 때 주식을 사고, 대중과 반대로 가야 돈을 벌 수 있다고 한다.

생각해 보라. 사람이 많이 다니는 큰길에는 예쁜 꽃이 남아나는 법이 없다. '예쁜 꽃은 남들이 다니지 않는 뒷길에 있다'는 유명한 투자 격언도 있지 않은가.

모두가 좋다고 하면서 몰려가는 곳은 덩달아 따라나서 봤자 짭짤한 수확을 내기 힘들다. 돈이 '몰린' 곳이야말로 '물릴' 가능성이 가장 크다. 반면 남들이 외면하는 곳은 상대적으로 저평가돼 있는 경우가 많기 때문에 뜻밖의 대박을 터뜨릴 수도 있다.

8할의 대중이 한방향으로 뭉쳐 움직인다면, 나는 한 번쯤은 반대 방향으로 가야겠다고 생각해 보는 것도 나쁘지 않다. 물론 남들과 반대 방향으로 간다는 게 말은 쉬워도 행동으로 직접 옮기기는 힘들다. 군중 심리를 떨쳐버리려면 끊임없는 훈련과 끈질긴 인내력이 필요하다.

아주 살짝만 삐딱하게 보라

남들이 몰려가더라도 꿋꿋하게 외면하고 남이 보지 못하는 부분을 찾아내면 돈을 벌 확률이 높아진다. 대다수 언론이 역발상 투자 방식을 비중 있게 소개하는 것도 바로 이 때문이다.

그런데 역발상 투자에 나섰다가 혼쭐이 난 사례는 자주 소개되지 않는다. 역발상 투자 방식에도 온갖 함정들이 도사리고 있는데 말이다. 남들보다 살짝만 앞서 나가야지, 지나치면 오히려 낭패를 볼 수도 있다.

지난 2008년 초 거액 자산가들은 메릴린치와 모건스탠리 등 미국의 대형 은행 주식에 투자하는 금융주 펀드에 많이 가입했다. 당시

만 해도 미국 서브프라임 모기지(비우량 주택담보대출) 사태가 속으로
는 심하게 곪고 있었지만 표면적으로는 그리 심각하게 받아들여지
지 않을 때였다. 자산가들은 미국 대형 은행들의 주가가 많이 떨어
졌다고 판단하고, 앞으로 미국 은행들이 망하지만 않는다면 상당한
수익을 낼 수 있을 것이라는 기대감 속에서 과감한 배짱 투자에 나섰
다. 미국 경제가 금융 패권을 쥐고 있으니 쉽사리 무너지지는 않으
리라는 인식에 바탕을 둔 것이었다. 미국 금융이 망가지면 세계 경
제가 대혼란에 빠지기 때문에 미국 정부가 그것만은 막을 것이라고
내다봤던 것이다.

그러나 정확히 1년 후, 결과는 참담했다. 2008년 말에는 본격적인
글로벌 금융위기 쓰나미가 닥쳐왔고, 경영난에 빠진 숱한 미국의 금
융회사들이 속속 퇴출당했다. 미국 금융주 펀드에 투자했던 자산가들
은 나중에 망가져버린 수익률 때문에 가슴앓이를 심하게 해야 했다.

역발상 투자는 자칫 잘못하면 오히려 알거지로 가는 지름길이 될
수도 있다. 집값이 떨어지고 있으니 지금이 타이밍이라면서 아무
생각 없이 아파트에 투자하고, 경제가 어떻게 돌아가는지도 모르면
서 주가가 떨어지니까 무작정 펀드를 사는 식이라면 쪽박 차기 딱
좋다.

인맥은 황금통장이다

부자들이 알려주는 재테크 원칙 중에 '가난뱅이와는 사귀지 마라'는 것이 있다. 가난한 사람들은 돈이 없기 때문에 만나면 내가 돈을 쓸 수밖에 없기 때문이란다. 또 돈이 없는 사람은 돈을 보고 아첨하는 경우가 많아 돈이 떨어지면 어차피 떠나갈 테니 만나봐야 손해라는 설명이다.

물론 그렇다고 해서 야박하게 돈이 없는 사람과 전혀 관계를 맺지 말라는 뜻은 아니다. 돈이 없어도 많은 정보를 가지고 있고, 사업 영감을 제공해 준다면 만날 가치는 충분하다.

돈이 따르지 않는 가난한 사람들을 자세히 살펴보면 돈을 원수처럼 대하는 경우가 많다. 돈을 미워하고, 돈 때문에 인생을 망쳤다고 한탄한다. '어차피 부자가 될 가능성은 없으니 그냥 현실에 만족하며 되는 대로 살아야지'라고 생각한다면 돈에게 미움 사기 십상이다. 내가 돈이라도 나를 미워하고 저주하는 사람들한테는 다가가고 싶지 않을 것이다. 돈을 미워하면 돈도 나를 멀리한다.

내 돈을 지켜주는 부자 친구들

돈은 태생적으로 외로움을 못 견딘다. 사람들이 많이 모이는 번화하고 밝은 곳을 좋아한다.

스타벅스의 하워드 슐츠 회장은 매일 다른 사람과 점심식사를 하면서 그들의 아이디어에 귀를 기울인다고 한다. 슐츠 회장뿐만이 아니다. 이재理財에 밝은 부자들은 정보를 알려주는 사람들과의 교류를 끊임없이 이어간다. 자신을 부자로 만들어줄 수 있는 사람들과 거미줄처럼 촘촘한 인적 네트워크를 만드는 데 심혈을 기울인다. 다른 사람의 도움을 얻는다면 그만큼 성공할 수 있는 가능성은 더 커지기 때문이다.

부자들이 정말 한 번 만나기조차 어려운 고위 관계자들하고만 친분을 쌓는 건 아니다. 그들은 집 근처의 부동산 업자나 은행 창구 혹은 증권사 직원까지 안면을 트고 지낸다. 언젠가는 보탬이 될 것이라는 생각에서다. 농담이 아니라 정말로 빚 많은 부모와 형제보다는 정보가 많은 이웃이 내게 더 많은 도움을 줄 수도 있다. 각종 투자 정보는 의외의 장소와 사람에게서 얻어지는 법이다.

"딱히 목적이 없더라도 부동산이나 은행과 친해 놓으면 콩고물이 떨어질 수도 있어요. 입지 좋은 곳에서 급매물이 나오거나 좋은 재테크 상품이 나오면 바로 연락도 해주죠." (용인에 사는 땅 부자 K씨)

귀가 큰 부자들

부자들은 평상시에도 늘 귀를 열어놓고 주변 이웃들이 해주는 조언을 귀담아듣는다. 동시에 다른 부자들의 동향에도 촉각을 곤두세운다. 부자들은 본능적으로 부자가 움직여야 시장도 따라서 움직이고 유행도 변한다는 것을 잘 알기 때문이다. 그래서 다양한 사적인 커뮤니티에도 자주 참석한다. 이런 커뮤니티에는 쟁쟁한 사람들이 모이는 경우가 많아서 점심식사만 한 번 하고 나면 웬만한 경제 보고서 수준의 정보를 듣는다고 한다.

정부 연구소나 금융회사 연구소 등에서 일하는 관계자들과의 식사 약속도 자주 잡는다. 해당 회사 이름으로 발표하는 공식적인 견해보다는 개인적인 의견을 듣기 위해서다. 공식적인 견해는 아무래도 여러 가지 제약을 받을 수밖에 없다. 그보다는 사적인 의견이 경제 동향이나 돈의 흐름을 정확히 반영하는 경우가 많다고 보고 이런 만남을 적극 활용하는 것이다.

부자들이 많이 거래하는 곳일수록 더 많은 부자들이 모여드는 것도 같은 맥락이다. 금융회사 VIP센터 창구에는 "다른 사람들은 요즘 어디에 돈을 넣나요?"란 문의가 끊이지 않는다. 자기와 비슷한 자금력과 사회적 지위를 갖고 있는 사람들이 어디에 관심을 두고 있고, 어디에 투자하는지 궁금해하는 것이다.

또한 부자들에게 신문은 돈 버는 방법과 돈을 불리고 지키는 방법을 가르쳐주는 보물단지나 다름없다. '금리 인상'이라는 이슈를 예로 들어보자. 금리 인상은 우리나라 경제 전체를 뒤흔들 만큼 중요한 변수다. 정부는 어느 날 갑자기 금리를 게릴라식으로 올리는 게 아니라, 사전에 '금리를 올릴 수 있다'는 식의 우회적인 경고 메시지를 언론에 여러 번 내보낸다. 부자들은 신문을 통해 이런 경고 신호를 잽싸게 알아채고는, 다양한 시나리오를 세워서 대응 방안을 준비해 나간다. '그냥 그런가 보다'라고 느긋하게 생각하면서 나와는 아무 상관 없는 일이라고 지나치는 일반인과는 다르다.

부자들은 인터넷 재테크 사이트의 토론장도 가끔 들러본다. 일반인들의 의견을 살피고 향후 시장 흐름을 파악해 보기 위해서다. 토론장에 참여하는 사람의 숫자가 크게 늘어난다면 조만간 시장이 꿈틀댈 수 있다는 의미다. 너무 많은 사람들이 일사불란하게 비슷한 액션을 취하기 시작하면 부자들은 조용히 짐을 싸고 무대를 떠날 준비를 한다. 박수칠 때 떠나라는 말처럼. 물론 적당히 챙겨서.

돈은 돈을 몰고 온다

"비행기를 타보세요. 1등석 손님들은 대부분 경제지나 경제잡지를 찾죠. 반면 일반석 손님들은 스포츠신문이나 주간지를 찾습니다. 왜 이런 차이가 생기는 걸까요? 부자들과 일반인들은 기본 관심사부터 다르기 때문입니다."

VIP 고객들의 자산을 관리하는 증권사 B팀장이 귀띔해 준 부자들의 특징이다. 값비싼 1등석을 타고 다니는 부자들의 관심사는 역시 경제다. 하지만 일반석을 타는 사람들의 1차적 관심은 경제가 아니라 재미있는 루머들이다. 운동선수 이름을 줄줄 꿰고 연예인 얘기라면 밤을 새워가며 떠들 수 있다.

자본주의 사회에서 부자는, 다르게 표현하면 재테크의 고수다. 하지만 부자는 돈 버는 비결을 아무에게나 가르쳐주지 않는다. 투자의 귀재라는 워런 버핏과의 점심식사가 무려 6억 원에 낙찰되었다고 하지 않는가. 부자들의 애기는 귓등으로만 흘려들어도 남는 게 있다.

그러나 부자들은 이기적이어서 좀처럼 자신의 애기를 쉽게 들려주지 않는다. 가끔 재미 삼아 얘기해 주기도 하지만, 자기 돈 벌기도 바쁘고 가족도 아닌데 친절하게 설명해 주지는 않는다. 물론 간절히 애원하면 한 마디쯤 툭 해줄지도 모른다. 그래도 "어느 지역을 얼마에 사서 몇 년 뒤에 얼마에 파세요"라는 식으로 족집게처럼 알려주지는 않는다. 부자에게 그런 친절을 원하느니 차라리 로또를 사는 게 맞다.

이기적인 부자들이 갑자기 잔소리를 하면서 간섭한다면, 이건 당신을 부자로 만들어주고 싶어서일 가능성이 높다. 그러니 꼭 새겨듣자. 부자들은 남이 부자가 되든 말든 별로 개의치 않는다. 그래도 간혹 부자가 되고 싶어서 노력하는 사람을 측은하게 보고 도움의 손길을 내밀 때가 있다. 이때 '흥, 돈 많다고 유세하는 거야?'라며 싫은 기색을 내비치면 다시는 그런 보석 같은 조언을 듣지 못할 것이다.

부자들과 친해지려면 부자들이 많이 모이는 곳을 공략하는 게 핵심이다. 무일푼으로 시작해 10년 만에 10억 원을 번 평범한 주부 권선영씨는 고급 정보를 귀동냥하기 위해 20대부터 골프를 배웠다고 한다.

"가난해도 부자의 줄에 서라는 말이 있잖아요. 부자들의 틈에 끼

어서 부대끼고 뒹굴어야 자극도 받으면서 부자가 될 기회도 생긴다
고 생각했어요."

골프를 치는 사람들은 대부분 부동산이나 금융 등 투자 정보에 관
심이 많다. 권씨의 생각은 적중했다. 골프를 치려니 돈은 많이 들었
지만 그 돈을 상쇄하고도 남을 만큼의 값진 정보과 교훈을 접할 수
있었다. 여유 있는 사람들이 즐기는 문화 네트워크에 발을 들여 놓
으면, 그들과 주머니를 공유할 수 있다.

공짜 점심은 없다

'손 안의 새 한 마리가 덤불 속의 새 두 마리보다 낫다One bird in hand is better than two in the bush'는 영어 속담이 있다. 불확실한 가능성을 택하느니 확실한 수익을 챙기는 게 이득이라는 뜻이다. 사실 덤불 속 새 두 마리가 더 커 보일 수는 있지만 반드시 내 것이 되리라는 보장은 없다. 요행을 바라는 것은 투기꾼의 사고방식이지, 투자자가 선택할 일은 아니라는 교훈이 담겨 있다.

부자들은 복권을 사지 않는다. 몇천 원만 투자하면 수억 원을 챙길 수도 있는데 말이다. 왜일까?

이유는 간단하다. 부자들은 일확천금의 가능성에 기대를 걸지 않는다. 애당초 복권 당첨 같은 횡재를 믿지 않는 것이다. 반면 일반인들은 복권 당첨 같은 천운을 바라는 경우가 많다. 크게 한 방 터져줘야 남들 눈치 안 보면서 편안하게 살 수 있다는 욕심에서다.

허나 일확천금을 바라는 사람이 부자가 되기란 낙타가 바늘구멍에 들어가는 일보다 더 어렵다. 부자가 되려면 먼저 스스로 노력해야 한다.

역逆질문의 달인들

"앞으로 시장을 어떻게 전망합니까?"

거액 자산가들은 금융회사 직원들에게 금융시장 움직임에 대해 뭉뚱그려서 묻는 경우가 많다. 상대방의 내공이 어느 정도인지 시험해 보는 듯한, 거대 담론을 포함하는 큰 질문이다. 물론 정말 아무것도 몰라서 묻는 건 아니다. 본인이 던진 질문에 대한 정답은 스스로 머릿속에 대충 정리해 둔 상태다. 그런데도 이런 질문을 던지는 까닭은 자신과 비슷한 생각을 갖고 있는지 아닌지를 은근슬쩍 떠보기 위해서다.

우리들이 부자에 대해 갖는 편견 중 하나가 부자들은 일반인들이 모르는 특급 정보를 갖고 있을 것이라는 생각이다. 그런데 이건 사실이 아니다. 그들 역시 우리와 똑같이 전문가를 만나 귀동냥하며, 스스로 구한 정보를 갖고 판단한다.

신문에 나오는 신조어는 주목 대상이다. 신조어야 보통 사람들도 모두 신문이나 인터넷을 통해 접할 수 있다. 다만 부자들은 신조어를 듣고 재밌어하는 데 그치지 않고, 새로운 성장 산업(특히 우리나라 사람들이 열광하는 테마주의 단서)이 될 수 있을지를 상상해 본다.

부자들은 투자 결정을 내리기 전에 다가올 시장 변화를 읽는 데 더 중점을 둔다. 앞으로 세계 경기가 어떻게 변화할지, 어떤 산업이 뜰지, 정부 정책은 어떻게 바뀔지 등을 철저하게 분석한다는 얘기다. 어떻게든 되겠지 하는 안일한 생각은 하지 않는다. 그래서 부자가 되려면 경제 흐름을 타야 한다는 소리가 나오는 것이다.

세상에 공짜는 없다. 세상 불변의 법칙인데도 까먹는 사람이 참 많다. 공짜로 얻는 정보는 절대 돈 되는 정보가 아니다. 나만 아는 소중한 정보라는 착각에 빠져 제멋대로 예쁘게 분칠했다가는 손해 보기 십상이다.

최홍 ING자산운용 사장의 충고를 귀담아들어 보자. "굳이 힘들게 좋은 정보를 발굴하려고 시간이랑 돈을 버릴 필요가 없어요. 목돈을 갖고 있으면, 그냥 우리가 잘 아는 대한민국의 대표 기업들 몇 곳에 투자하면 됩니다. 아주 평범한 방식이죠? 하지만 부자들도 다 이렇게 간단한 법칙을 갖고 투자합니다."

돈벼락의 함정

토머스 제퍼슨, 마크 트웨인, 마이클 잭슨, 마이크 타이슨…….

언뜻 보면 공통점이 전혀 없을 것 같은 사람들이지만, 이들에게는 한 가지 공통점이 있다. 바로 한때 부자였지만 재산을 지키지 못했다는 점이다. 팝의 황제 고故 마이클 잭슨은 한 시대를 풍미했지만 돈에 쪼들려 파산 직전에까지 몰렸다. 수많은 복권 당첨자들도 예외는 아니다. 복권에 당첨되어 한순간에 벼락부자가 된 사람들을 보면 마냥 부러울 테지만, 복권 당첨 후에 이들의 삶이 반드시 편했던 것만은 아니다.

　몇 년 전 신문 사회면에 눈길을 끄는 뉴스가 실렸다. 로또복권 1등에 당첨돼 약 19억 원이라는 거금을 벌어들였는데 씀씀이가 헤퍼서 2년 만에 돈을 모두 날리고 절도죄로 경찰에 검거된 한 20대 남성의 이야기였다. 로또 1등에 당첨되면 정말 말 그대로 '인생 역전'에 성공한 것인데, 어쩌다 돈을 몽땅 날려버린 것일까?

　재테크 전문가들은 평범한 사람들이 일확천금을 벌고도 실패하는 이유가 '자산의 크기가 본인이 관리할 수 있는 한계를 넘어섰기 때문'이라고 설명한다. 대다수 복권 당첨자들은 금융교육을 받아본 적도 없는데다 제대로 된 소비생활을 해본 적이 없기 때문에 돈을 제대로 관리하지 못한다는 것이다.

　현실에서는 불가능한 일이겠지만, 대한민국에 있는 모든 사람들에게 1인당 5,000만 원씩 공평하게 나눠준다고 가정해 보자. 단 하루만 지나면 전 국민의 절반 정도는 지갑에 1,000만 원 정도만 남아 있고 4,000만 원은 다 써버렸을 것이다. 가난한 사람들은 공돈이 들어오면, 그동안 돈이 없어서 하지 못했던 것들을 여한 없이 해보려 한다. 아무리 공평한 기회가 주어져도 부자는 다시 부자가 되고, 가난한 사람은 다시 가난해진다.

　연예인 역시 마찬가지다. 연예인들은 지나치게 자기중심적인 사고방식을 갖고 있기 때문에 관리를 제대로 해주지 않으면 빈털터리가 될 확률이 높다. 사실 연예인이라는 직업은 '불꽃놀이'랑 비슷해서 언제 어느 때 불꽃이 꺼질지 예측할 수가 없다. 내심 불안하고 잔뜩 조바심이 나 있는 상태지만, 순간적인 만족감을 좋아하기 때문에 통 크게 제멋대로 질러버린다. 그래도 주변 사람들은 안 된다며 진심 어린 충고를 해주기가 어렵다. 자신이 모든 것을 다 잘 안다고 생각하기 때문에 (주변 사람들이 보기에는) 말도 안 되는 비이성적인 투자를 되풀이하는 경우가 많다.

간판과 돈의 함수

학벌이 좋다고 해서 반드시 부자가 되는 건 아니다. 우리나라 재벌 1세들의 면면을 봐도 그렇지만, 자수성가한 부자들 중에 학벌이 좋은 사람은 드물다. 성적이 나쁜 열등생들은 공부로는 우등생을 이길 수 없다는 걸 알고 다른 분야에서 승부수를 던진다. 책상과 명함만 소중히 여기는 우등생들은 가보겠다고 엄두조차 못 내는 곳에 당당히 진출해서 큰돈을 버는 것이다. 이를 테면 돈으로 보복한다고 말할 수 있겠다.(물론 공부를 못해야만 부자가 된다고 말하려는 건 절대 아니다.)

학교에서 우등생이 아니었다고 해도 총체적 통찰력, 이를테면 길거리 지식을 많이 가지고 있다면 부자로 거듭날 가능성이 높다. 평범한 상식을 토대로 직접 발품을 팔면서 얻는 정보는 유명 리서치 업체에 의뢰해서 얻는 그 어떤 가공된 정보보다 훨씬 더 효과적이다.

길거리 지식은 대기업 같은 큰 조직 안에서는 배우기가 대단히 어렵다. 조직에서 일하면 일 전체보다는 일부분만 배우는 경우가 많고, 맡은 분야 이외에는 관심을 두지 않기 때문이다. 본인 스스로 많이 배웠다고 일찍 만족하기에 능력 배양을 등한시하는 경향도 나타난다. 부자가 되고 싶고, 조직 내에서 위로 계속 올라가지 못할 것 같다면 과감히 일찍 탈출해서 길거리로 나와야 한다. 물론 대다수는 안정과 체면을 갈망하기 때문에 어지간해서는 그렇게 하지 못한다.

학벌과 상관없이 부자가 되려면, 세상 사람들이 돈 놓고 다투는 머니게임을 이해해야 한다. 학벌이 부실해서 부자가 못 됐다는 말은 게으른 사람들의 핑계일 뿐이다.

슈퍼맨 콤플렉스는 버려라

부자들 옆에는 부자들이 돈을 더 많이 벌 수 있게끔 도와주는 머니 멘토Money Mentor(재무 조력가)가 꼭 있다. 부동산투자로 성공한 빌딩 주인들을 살펴보면 10명 중 9명은 능력 있는 머니 멘토를 고용해 고급 투자 정보를 얻고 급매물에 투자했다. 머니 멘토는 사회 각계각층에 선을 놓아 고급 정보를 캐내며, 부자들을 위해 알짜 정보도 물어다 준다.

머니 멘토들은 아무리 인터뷰를 요청해도 좀처럼 입을 열지 않는다. 이유를 물어보면 "고객이 싫어하세요"라고만 한다. 언론에 나가서 떠들지 말고 묵묵히 재산 관리만 잘 해주기를 바란다는 것이다.

부자들은 머니 멘토들과 지속적으로 연락하면서 평생 도움을 받는다. 머니 멘토들이 돈 되는 조언을 해줘서 성공을 거뒀다면 이에 대한 보답도 아까워하지 않는다. 남의 안목을 맨입으로 챙기지는 않는 것이다. 상대가 사람인 이상, 반대급부의 성의는 기대하게 마련이다. 보상을 두둑하게 챙겨 주면 머니 멘토들은 돈이 될 만한 더 좋은 정보와 조언을 제공하기 위해 발품을 더 열심히 판다. 세상일이란 다 비슷하다.

돈은 호되게 가르쳐라

몇 년 전, 1년에 800억 넘게 버는 자동차 경주의 황제인 미하엘 슈마허가 딸들에게 1주일 용돈으로 2유로(약 3,600원)를 준다는 뉴스가 나와 화제가 됐다. 슈마허는 "아이들은 부자가 그냥 되는 것이 아니라는 점을 배워야 한다"며 "다른 아이들처럼 용돈을 받으면서 저축해 자기가 원하는 것을 사야 한다"고 했다.

슈마허뿐만이 아니다. 철저한 용돈 교육은 부자들의 공통된 특징이다. 은행에 올 때 아들이나 손자의 고사리 손을 잡고 나와 모든 거래 과정을 보여주기도 한다. 어떤 사람들은 어린 아이들에게 돈을 일찍 알게 하면 어린이다운 순수함을 잃을 수 있다고 반론을 펼지 모른다. 하지만 부자들은 이렇게 생활 속 경제교육을 통해 자녀들이 어릴 때부터 금융에 친숙해지고, 선대의 금융 철학을 자연스럽게 배우게끔 애를 쓴다.

부자들은 적정 수준을 넘어서는 돈이 자녀의 장래를 망칠 수 있다고 생각해 전략적으로 자녀들을 통제하고 관리한다. 생활이 아무리 여유로워도 자녀들이 대기업에서 근무하기를 원하기도 한다. '대기업에 입사해 5년간 일하면 회사를 물려주겠다'는 식의 미끼를 내거는 이유는, 밑바닥부터 차근차근 경험하기를 원해서다. 젊은 시절에 너무 풍족하게 생활하면 득보다는 실이 많다고 생각하는 것이다. 부자라고 해서 '고생 끝, 행복 시작'은 아니다. 자녀 문제는 부자들에게도 영원한 숙제다.

부자 아빠가 더 엄격하다

업무상 알게 된 지인이 어느 날 아내에게서 "아이들이 우리가 뭔가 많이 준비해 놨다고 내심 기대하는 듯하다"는 말을 전해 듣고 충격을 받았다고 한다. 지금까지 물심양면 뒷바라지해 왔으니 나름 충분하다고 생각했는데 아이들 생각은 그렇지 않다는 걸 알게 됐기 때문이다. 지인은 "용돈을 넉넉하게 줘서 자녀의 환심만 사려 했지, 아이들에게 제대로 된 경제관념을 심어주지 못한 것 같다"며 씁쓸해했다.

아이들의 경제교육은 어느 부모에게나 고민거리다. 아이에게 용돈을 줘야 할지, 준다면 얼마를 줘야 할지, 어떤 방법으로 줘야 할지, 어떻게 쓰게 해야 할지, 정말 고민은 끝이 없다.

아이에게 경제교육을 시킨다면 과연 언제부터 어떻게 하는 것이 좋을까? 적당한 시기에 대해서는 전문가마다 의견이 분분하다. 그런데 부자들은 대개 5세 전후에 경제교육을 시킨 경우가 많았다. 갑부

들은 아이가 어릴 때부터 스스로 벌고 잔돈까지 관리하도록 가르쳤
다. 돈에 대한 개념을 심어주기 위해서였다. 자식에게 고기를 잡아주
는 것이 아니라, 고기 잡는 법을 가르쳐주겠다는 게 목적이다. 돈은
돌고 돌기 때문에 준비가 되어 있는 사람에게만 가는 법이다.

중화권에서 최고 부자로 꼽히는 홍콩 창장長江실업의 리자청 회장
은 두 아들을 8~9세 때부터 회사 이사회에 참석하게 했다. 둘째 아
들은 수업이 끝나면 잡부 일과 웨이터 일을 했고 일요일엔 골프장 캐
디 일을 하며 용돈을 벌었다.

미국 석유재벌인 존 록펠러는 자녀들에게 용돈 장부를 만들게 하
고 매일 지출 내역을 기록하게 했다. 장부 기록이 명확하고 용도가
합리적이면 용돈을 약간 더 줬다. 대신 이를 지키지 않으면 용돈을
깎는 벌을 줬다.

워런 버핏은 가족에게 인색하기로 소문나 있다. 그는 돈을 빌려달
라는 아들에게 "돈은 은행에서 빌리는 것이지, 부모한테 빌리는 것
은 아니다"라고 말했다. "축구팀에서 아버지가 유능한 센터포드였
다고 그 자리를 아들이 물려받을 수는 없지 않느냐"고 힐난하기까지
했다니, 놀랍다.

돈 담는 그릇부터 살펴라

은행이나 증권사의 VIP센터에서 거래하는 큰손 고객들은 옆에서
지켜보면 섬뜩할 정도로 자녀에게 호되게 금융교육을 가르친다. TV
드라마에 나오는 것처럼 부자가 자녀들을 응석받이로 키우는 건 흔

치 않다.

한 시중 은행 지점장은 "거액 자산가 중에는 자녀에게 돈을 빌려주면서 차용증을 쓰게 하고 심지어 이자까지 매달 꼬박꼬박 챙기는 경우가 많다"고 말했다. 은행에서 융자를 받으면 대출이자가 지금 얼마 정도인데, 그것보다는 조금 더 싼 이자로 빌려준다면서 아주 냉정하게 거래한다는 것이다.

신창재 교보생명 회장은 부인도 혀를 내두를 만큼 자녀 경제교육법이 지독하기로 소문나 있다. 그에게는 아들이 두 명 있다. 나는 신 회장을 만난 자리에서 "아드님에게 가업을 물려주실 건가요?"라고 단도직입적으로 물었다.

"글쎄요. 돈에 대한 그릇(안목이나 가치관)부터 살펴보고 결정해야겠죠. 가업은 적절한 그릇을 가진 자식에게 물려줘야 합니다. 능력도 없는 2세에게 물려줬다가 한순간에 다 말아먹을 수 있으니까요. 능력이 부족하거나 적성에 맞지 않는 자식에게 기업을 맡기는 건 불행한 삶을 물려주는 결과가 될 수 있습니다. 못난 자식이라면 차라리 재단을 만들어서 자산 가치를 보존하는 방식이 낫습니다."

나는 "돈에 대한 그릇은 어떻게 살펴보나요?"라고 다시 물었다. 신 회장은 여러 가지 방법을 동원한다고 했다. 그가 소개한 방법 중에 '버짓플랜Budget Plan(지출계획서)'이란 게 있다. 그는 자녀에게 용돈을 줄 때 지출계획서부터 받는다는 것이다.

"아이들에게 지출계획서를 짜 오라고 하면 항상 느슨하게 해오더라고요. 밥에 황금 가루를 뿌려 먹는 것도 아닌데 외식비도 과다하게 책정돼 있고 말이죠. 그래서 일부러 예산에 못 미치는 금액으로 빠듯하게 줍니다. 지출한 뒤에는 반드시 영수증도 제출하라고 합니다. 회사에서 하는 것처럼 똑같이 하는 거죠. 부모 자식 간에도 서로 투명하게 거래해야 신뢰가 쌓이는 법입니다."

3대代 가는 부자가 있다

'부자는 3대 못 간다'는 옛말이 있다. 예전에는 선대가 쌓아놓은 재물을 후손이 불리기는커녕, 주색잡기에 빠져 탕진하는 경우가 많았기 때문이다. 하지만 이젠 이것도 옛날 얘기다.

대기업 T부장은 정의선 사장이 현대자동차 부회장으로 승진하는 뉴스를 보면서 마음이 착잡했다고 고백했다. 아무리 발버둥치고 노

부유층 진입에 대한 체감 난이도 (2010년 3월 기준)

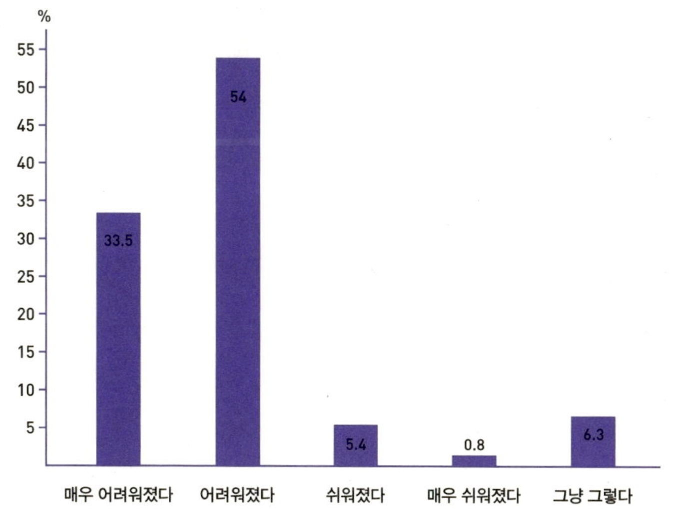

〈자료 : 닐슨컴퍼니〉

력해도 앞으로는 일정 기준 이상 넘을 수 없는 한계가 있다는 걸 느껴기 때문이란다. 평범한 샐러리맨이 부자로 한 단계 점프할 기회는 쉽지 않아 보인다.

2010년 3월에 한 리서치 업체가 발표한 설문 결과도 이런 감정을 반영하고 있어 관심이 갔다. 대도시에 사는 성인 남녀 1,000명에게 '10년 전과 비교해 부유층에 진입하기가 어떤가'라는 질문에 응답자의 87.5%가 '부자가 되기 어려워졌다'고 답했다. 그 이유로 '경제성장 둔화에 따른 성공 기회 감소'와 '부모 경제력의 대물림'이라고 답한 비율이 각각 39.7%, 32.1%였다. '경제성장 둔화'라고 답한 비율은 40대와 50대에서, '경제적 대물림'이라고 답한 비율은 20대와 30대에서 높았다.

앞으로 부자들은 대대로 재산을 지켜나갈 확률이 높다. 견고한 시스템 덕분이다. 선대 부자들이 앞으로도 재산이 줄어들지 않도록 탄탄한 시스템을 구축해 놨기 때문에 후손들은 머리가 나빠도 걱정할 필요가 없다. 자식들은 그저 아버지나 할아버지가 만들어둔 시스템이 잘 돌아가도록 제때 기름만 치면 된다.

군불 때면 움직인다

부자들의 공통된 특징은 어떤 정부와도 싸우려 하지 않는다는 것이다. 현 정부의 정치색이 본인과 다르다 하더라도 정부에 대항하거나 혹은 심리적으로 동요하지 않는다. (그렇다고 순종한다는 얘기는 아니다.) 오히려 정부가 내놓은 정책들이 시장에 미칠 영향에 대해 계산기를 빠르게 두드리면서 정책에 담긴 속뜻을 읽어내느라 바쁘다. 정부가 어떤 의도를 갖고 정책을 내놓은 것인지 그 이면을 해석하는 한편, 기동성 있게 움직이면서 최선의 선택을 위해 고심한다. 정부가 정책을 내놓으면서 답답한 중생들을 위해 시원하게 다 털어놓고 속뜻까지 친절하게 해설해 주면 좋으련만, 그럴 리 만무하다.

물론 부자들이 항상 정부 정책만 해바라기처럼 바라보는 건 아니다. 부자들은 유독 경제가 어려워졌을 때 정부 정책 변수를 유심히 살펴보고 민감하게 반응한다. 그도 그럴 것이 경제가 술술 문제없이 잘 돌아갈 때는 정부가 시장에 개입할 여지가 적다. 당연히 정부의 조치를 무시하거나 혹은 전혀 다른 방향으로 끌고 가도 큰 손해를 보지 않는다.

하지만 경제가 어려워진 시점에 정부에 맞서거나 거꾸로 가는 전략을 짜면 낭패 보기 십상이다. 정부는 경기 부양을 위해 아주 강력한 '소방수'가 되어 나서기 때문이다. 특히 부동산 같은 것은 하나의 투자상품이기 이전에 인간의 거주 공간이기 때문에 정부의 손아귀에서 벗어날 수가 없다. 정부 정책에 반기를 들면 처참한 패배를 맛볼 수밖에 없다. 시장의 보이지 않는 손이 '가격'이라면, 보이는 큰 손은 바로 '정부'다.

청와대의 고마운 호객 행위

부자들은 불황을 타개하기 위해 정부가 강력한 부양책을 내놓는 시점을 예의 주시한다. 자산가 U씨는 남들이 불황이라고 아우성칠 때 서울 모처 부동산에 투자했다.

"정부가 앞으로 땅값을 올려주겠다고 대놓고 말하는데 어떻게 안 살 수가 있나요? 앞으로 가격이 오를 것이라는 신호를 팍팍 보내 주는데 그걸 모른 척할 수는 없죠."

수도권에 여러 채의 아파트와 빌딩을 소유하고 있어 '부동산 도사'로 불리는 압구정동 K여사도 U씨의 생각과 다를 바 없었다. K여사는 평소 눈에 확 띌 만한 투자는 별로 하지 않는다. 그러다가 정부가 부동산 규제를 완화하기 시작하면 그때부터 적극적으로 행동을 개시한다. K여사는 양도세 감면이라든가 재건축 완화 등의 정부 정책이 나올 때마다 부동산을 매수했고, 매번 '분에 넘치는' 보상을 받았다.

재테크로 성공하려면 부동산이든 주식이든 펀드든 바닥에 사서 꼭지에 팔면 된다. 하지만 신이 아닌 이상 정확한 바닥을 공략하는 건 불가능하다.

부자들은 바닥 타이밍의 신호를 정부가 각종 규제 완화 정책을 내놓으면서 군불을 때기 시작할 때라고 본다. 정부는 썰렁한 시장에 손님을 끌어들이기 위해 투자 메뉴판을 새로 단장한다. 세제와 재정 정책을 만지작거리면서 시장 심리에 막대한 영향을 끼친다. 일종의 호객 전략이다. 정부가 내놓은 일련의 규제 완화 정책들은 움츠러들었던 투자 심리를 움직이는 촉매제가 된다.

대출 금리가 연 10% 가까이 크게 솟구치면서 불안 심리가 퍼져 집값이 급락하던 2008년 하반기, 대한민국 집값 대폭락을 강하게 주장하던 전문가가 있었다. 그러나 그의 주장은 결과적으로 딱 맞아떨어지지는 않았다. 2009년에 그와 만난 사적인 자리에서 "지난해 내놓은 주장은 틀리셨네요?"라고 물었다. 그는 쓴웃음을 지으면서 자신의 예측이 예상했던 방향과 다르게 움직였음을 순순히 인정했다. "정부가 그렇게 많은 정책을 동원하리라고는 예상 못했죠."

정부는 돈에 대해 가장 막대한 영향력을 발휘하는 집단이다. 정부의 파워는 우리가 상상할 수 있는 것 이상으로 막강하다.

대통령의 생각을 훔쳐라

"부자들은 주로 언제 주식을 사나요?"

아버지의 뒤를 이어 아들까지 대대로 부자 고객들의 자산을 관리하는 유명 증권사 지점장을 만나 물었다.

"주식 부자들은 대통령께서 하시는 말씀을 잘 새겨듣고 실천에 옮깁니다." 대통령이 펀드를 샀다는 뉴스를 접하면 어떤 종류의 펀드를 샀는지 세밀하게 체크한 다음, 똑같은 펀드에 가입하거나 비슷한 유형의 펀드를 사들인다는 것이다.

비슷한 얘기를 증권업계 고위 관계자에게도 들은 적이 있다.

"내가 명색이 증권업종 수장이잖아요. 주가가 크게 떨어져서 정부가 세제 혜택이 있는 펀드나 절세형 상품을 내놓을 때마다 주식이나 펀드를 꼭 사야 했어요. 정부 시책에 동참한다는 시늉이라도 해야 했으니까요. 그런데 그렇게 마지못해 가입한 상품이 나중에 보면 전부 대박을 쳤더라고요."

잠깐, 과거의 기억들을 돌이켜보자. 실제로 역대 대통령들이 펀드에 가입했다는 뉴스가 나온 시점은 주가가 바닥이거나 바닥 근처인 경우가 많았다. '지금이 주식을 사야 할 때'라는 대통령의 과감한 발언은 거의 100% 적중했다. 물론 그런 뉴스가 나올 때마다 인터넷에는 대통령이 그저 생색내기 혹은 과시용 투자에 나섰을 뿐이라고 평가 절하하는 글들이 들끓는다.

하지만 대통령이 펀드에 가입하는 이유는 자산을 크게 불리려는 욕심에서라기보다는 침체된 증시 분위기를 반전시키겠다는 바람에서 나오는 경우가 많다. 거꾸로 말하면 그만큼 시장이 바닥이라는 의미도 된다.

부자들은 대통령이 보여주는 행동과 발언에 숨어 있는 속뜻을 읽고, 바로 행동으로 옮긴다. 2008년 말 글로벌 금융위기로 주가가 폭락했을 때 대통령의 펀드 쇼핑 소식을 듣고 과감하게 시장에 발을 담근 부자들은 1년 만에 만족할 만한 성과를 냈다. 하지만 당시 일반인들은 어떠했는가. 끝도 없이 추락할 것만 같은 주가 움직임에 큰 불안감을 느껴, 대통령을 따라 주식시장에 투자해 보겠다는 생각은 엄두조차 내지 못했다. 뒤늦게 '그때 왜 과감히 저지르지 않았을까' 후회만 할 뿐이다.

깜짝쇼 투자는 피한다

'나는 어떻게 된 게 늘 뒷북이야!'

이렇게 한탄하는 사람이 주변에 참 많다. 아파트를 사면 그때부터 집값이 쭉쭉 빠지고, 주식에 손을 대면 하염없이 주가가 떨어지는 식이다. 정말 머피의 법칙이 따로 없다. 이렇게 뒷북 투자가 돼버리는 이유는 왜일까? 바로 조바심 때문이다. 종전까지 투자해 오던 대상을 송두리째 뒤흔드는 식의 투자법은 곤란하다. 본인이 가장 잘 아는 투자법에 지속적인 관심을 둬야지, 자칫 무리수를 두면 악순환에 빠질 수 있다.

평소에는 전혀 관심도 없다가 갑자기 필요할 때가 되니까 두 눈을 크게 뜨고 챙겨보는 사람도 적지 않다. 벼락치기 식으로 접근하면,

반드시 확인해야 할 포인트를 빼먹거나 잊어버려 손해 보기 쉽다. 남들보다 한발 늦어 투자 시기를 놓치거나 판단을 잘못해서 실패하는 투자가 되기 쉽다.

따라서 평상시에 정보를 얻기 위해 부단히 힘써야 한다. 하늘도 스스로 돕는 자를 돕는다고 하지 않던가. 신문을 부지런히 읽고, 다양한 재테크 커뮤니티에도 가입해 전체 흐름을 이해하려는 노력을 해야 한다. 이재에 밝은 동료나 친구들과의 만남도 나쁘지 않다. 관심을 갖는 만큼 보이게 되고, 보이는 만큼 사랑하게 되는 것이 바로 돈의 법칙이다.

1년에 다섯 번만 한다

부자들의 '한 우물 파기' 원칙은 정말 고집스럽다.

용산에 사는 빌딩 부자 A씨는 대한민국 대표 기업들로 구성된 5개 종목만 거래한다. 그 5개 종목은 A씨가 대학생일 때부터 관심 있게 지켜봐 왔기 때문에 해당 기업의 인사 이동 의미까지 다 파악할 정도로 훤하다. 투자 기간이 긴 만큼, 주가 변동 이유도 꿰뚫고 있다.

"개인은 투자 자금이나 경험, 정보 획득 속도나 분석력에서 전문가에 비해 불리할 수밖에 없어요. 직접투자로 성공하려면 우선 관심 종목 수를 5개 정도로 좁혀야 합니다. 내가 정한 종목만 분석, 매매하고 다른 종목들은 쳐다보지도 않는 거죠. 이렇게 계속 작업하다 보면 주가가 어떤 뉴스에 반응하는지, 돌발 변수가 미치는 영향을 전문가들은 어떻게 보는지 등을 파악할 줄 알게 됩니다. 실력이 부족해도 본인 힘으로 종목을 정해 거래해 보면 더욱 좋죠."

그에겐 나름대로의 매매 원칙도 있다. 1년에 딱 다섯 번만 주식시장에 뛰어들고, 매매 한도는 총 5억 원이다. 여윳돈이 생겨도 5억 원을 넘기지 않는다. 쇼핑법도 심플하다. 본인이 평소에 생각하고 있던 기준 가격에서 심하게 떨어지면 사고, 많이 오르면 판다. 목표 수익률도 연 10~20% 정도로 높지 않다.

이렇게 원칙을 세워서 매매하는 이유는, 예상치 못한 위기에 대비하기 위해서다. 부자와 일반 투자자의 차이는 위기 때 가장 극명하게 드러난다. 아마추어는 올인 투자에 나섰다가 단 한 번의 손실로 퇴출당하기 십상이다. 하지만 부자들은 반드시 예금이나 채권 등으로 안전 모자를 쓰고 움직이기 때문에 최악의 상황에 빠지더라도 재기의 발판은 남는다.

손실 기피증은 버려라

주식이든 부동산이든 가격이 떨어지는 걸 반길 사람은 아무도 없다. 부자도 마찬가지다. 시장이 폭락할 때는 손실을 피할 수 없다. 약세장으로 바뀌기 직전, 즉 상승장(혹은 거품)이 계속되던 시기의 막차에 몸을 실은 경우라면 더욱 쓰리다. 하지만 폭락장이 닥쳐와 손실이 커졌다고 해서 앉아만 있지는 않는다. 남들보다 더 빨리 손실을 회복하기 위해 애쓴다.

부자와 일반인의 차이는 생존 능력에 있다. 일반인들은 폭락장에 놓이면 손실을 따져보면서 멍해진다. 망연자실하는 순간 이성을 잃어버리기 때문에 손실이 줄어들기는커녕 더 늘어나기만 한다. 하지만 부자들은 다르다. 돈을 잃는 것은 한순간이라는 사실을 알고, 늘 위험을 최소화하려고 노력한다. 재정적인 성공을 이룬 부자들은 돈을 관리하는 것도 돈을 벌 때처럼 열심히 한다.

헝가리 출신의 전설적인 투자자 앙드레 코스톨라니도 주식투자로 세 번을 완전히 망하고 일어나봐야 전문가라고 했다. 이를 위해서는 아무리 시장 분위기가 나쁘고 투자 손실이 커도 낙관적으로 생각하는 자세가 필요하다. 살아남기 위해 남은 원금을 소중히 여기고 반등을 준비하면 만회의 길이 분명 보인다. 정글에서 살아남는 최후의 승자는 대박 종목을 발굴하는 사람이 아니라, 번 돈을 잘 지키는 투자자다.

바가지 쓰지 않는다

우리 사회에서 부자의 이미지는 어느 정도 정형화되어 있다. 성격이 괴팍하고, 어려운 형편에 있는 가난한 서민들을 등쳐서 돈을 벌었다는 식이다. 그러나 이는 드라마, 소설에나 나올 법한 허황된 얘기다. 부자는 오히려 남을 배려하고 성격이 좋을 가능성이 훨씬 높다. 돈의 소중함을 알기 때문이다.

미국 야후닷컴에서 백만장자들의 공통된 습관 6가지에 대해 소개했기에 유심히 읽어봤다. 가장 기억에 남는 건, 백만장자들은 돈이 많으면서도 좀더 좋은 구매 조건이 없는지 계산기를 두드린다는 내용이다. 원가 개념을 토대로 비교하는 것이다. 백만장자들은 시중에 나와 있는 것 중에 최고로 비싼 것을 살 수 있는 능력을 갖췄지만, 가격과 품질을 요모조모 뜯어보고 비용 대비 효과를 비교하는 쇼핑을 즐긴다.

사모님은 몸뻬를 즐겨 입어요

몇 년 전, 한 시중 은행이 부자 고객들을 상대로 명품 땅을 고르는 요령을 가르쳐주는 실전 아카데미를 연다기에 동행 취재한 적이 있다. 좋은 땅을 고르는 요령도 궁금했지만, 땅투자를 배우러 오는 부자 고객은 어떤 사람들일지가 더 궁금했다.

행사에 참여한 부자들은 대부분 재래시장 상인이 작업복으로 입을 법한 허름한 점퍼와 면바지 차림이었다. 구두 대신 운동화를 신은 사람도 많아서 '이 사람들이 정말 수백억대 자산가들이 맞나?' 하는 의문이 들 정도였다. 그러다가 동행한 은행 직원이 '땅 보러 갈 때의 복장'에 대해 설명하는 걸 듣고 무릎을 쳤다.

"땅을 보러 현장에 갈 땐 몸뻬와 운동화가 제일 좋아요. 정장을 차려입고 가면 현지 중개업소에서 외지에서 온 사람이라 생각하고 돈을 더 요구할 수도 있거든요. 부동산 중개업소는 커피까지 대접하며 잘 응대하는 곳보다 '사도 그만 안 사도 그만'이라는 식으로 몇 번이나 주인을 불러야 나오는, 토박이가 운영하는 중개업소를 골라야 유리해요."

은행 직원들 사이에는 농담 반 진담 반 식의 '부자 식별법'이란 게 있다. 만기가 된 예금을 찾아갈 때의 모습을 보면 진짜 부자를 알 수 있다는 것이다. 옷차림이 허름해도 동전부터 꼼꼼하게 챙기면 알부자인 경우가 많다. 반면 고액권이나 수표만 대충 헤아리면 '무늬만 부자'일 가능성이 높다고 한다. 부자는 돈을 대하는 태도부터가 다르다는 뜻일 것이다.

돈을 벌려면 괴롭혀라

청담동에서 부동산투자로 크게 성공한 L여사. 그녀는 금융상품에 가입할라 치면 거짓말 하나 안 보태고 담당 직원에게 전화를 열 번 이상 건다. 확인하고 또 확인하는 것이다. 자신이 거래하고 있는 다른 금융회사에도 전화를 걸어서 담당 직원이 권유한 상품에 대해 더블체크, 트리플체크에 들어간다. 담당 직원이 말해 준 내용이 맞는지도 물어보고, 자신이 이해한 내용이 맞는지도 확인한다. 직원은 "L여사가 얼마나 꼼꼼한지 무슨 말을 꺼내기가 두려울 정도"라고 혀를 내둘렀다.

그럼에도 불구하고 신상품이 나올 때마다 L여사에게 가장 먼저 정보를 알려주고 투자를 권하는 이유를 물어보니, "L여사는 아주 쿨하거든요"라는 답변이 돌아왔다. L여사는 여러 번 두드리고 두드려서 결정한 투자에 대해서는 나중에 어떤 변수가 터져나와 일이 틀어지더라도 후회하거나 불평하지 않는다는 것이다. 그러니 직원 입장에서는 편할 수밖에.

L여사도 그렇지만, 부자들은 다른 사람의 의견을 어디까지나 참고할 뿐이다. 일단 투자하면 자신이 모든 책임을 져야 한다는 걸 잘 알기에 다른 사람에게 책임을 전가하지 않는다.

부자들은 기본적으로 의심이 많다. 끊임없이 주변을 경계한다. 그러나 꼼꼼히 따져 투자 여부를 결정했다면, 절대 뒤를 돌아보지 않는다.

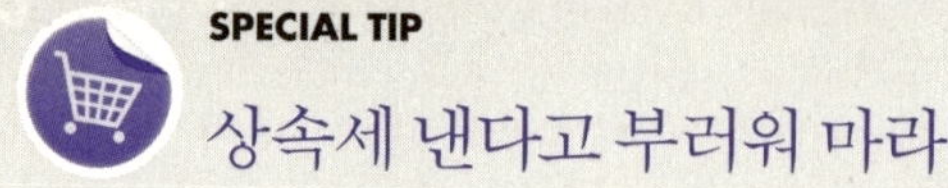

상속세 낸다고 부러워 마라

자본주의 사회에서 부자가 되는 방법은 크게 네 가지라고 한다. ①로또복권에 당첨되는 것이고 ②부모를 잘 만나 상속, 증여를 많이 받는 것 ③자수성가해서 IPOInitial Public Offering(유가증권시장이나 코스닥시장에 상장하는 것)하기 ④스포츠나 영화 등으로 일류 스타가 되는 것이 바로 그것이다. 하지만 이렇게 바늘구멍처럼 좁은 관문을 통과해 부자가 되었다고 해도 주변 사람들의 부러움을 한 몸에 받게 되는 건 아니다.

부자로 살되, 부자로 죽지는 마라

국세청에서 5년 넘게 상속세 사후 조사를 전담했던 고성춘 변호사가 들려준 얘기다. 상속세라는 건 일반인과는 별 관계가 없는 세금이다. 상속세를 내려면 배우자와 자녀가 물려받은 재산이 최소 10억 원은 넘어야 하기 때문이다. 그래서 상속세를 낼 수 있는 사람은 전 국민의 1%에 불과하다는 말도 있다.

고 변호사는 이렇게 상속세를 내야 할 만큼 재산을 많이 남긴 부자들이 전혀 부럽지 않다고 했다.

"현금만 잔뜩 쌓아놓고 부자로 죽으면 뭐합니까. 돈은 쓰지 않고 놔두면 종이조각일 뿐이잖아요. 종이조각 열심히 모아봤자 죽고 나면 무슨 소용인가요. 무덤에 가지고 가지도 못하는데 말입니다."

악착같이 일해서 모은 돈을 제대로 써보지도 못하고 그저 부자 신분으로 세상을 떠나야 한다면 무슨 소용이 있을지.

그들은 왜 악착같이 모으기만 했을까? 돈 쓰는 법을 잊어버리기라도 한 걸까?

고 변호사는 돈을 버는 법 못지않게 돈을 잘 쓰는 법도 훈련이 필요하다고 강조했다.

"돈을 버는 건 본능이죠. 하지만 돈을 쓰는 건 본능 이상의 것으로 훈련이 필요해요. 훈련을 받지 않으면 잘 쓰지를 못한다고요. 우리나라 부모들은 자녀에게 돈 버는 일의 중요성에 대한 얘기는 많이 해도 어떻게 쓰라고 가르치지 않아요. 돈을 움켜쥘 줄만 알았지 쓰는 법에 대해서는 배운 적이 없으니 그렇게 돈만 잔뜩 쌓아놓고 죽어버리는 거죠. 돈 이외의 가치에 대해서는 무지하다는 얘깁니다. '부자로 살되, 부자로 죽지는 마라'는 구호를 명심해야 합니다."

돈방석은 재앙인가 축복인가

부자 고객들을 매일 만나는 강남의 한 은행 지점장은 "한 달에 수천만 원을 용돈으로 쓸 수 있으면서도 전혀 행복해 보이지 않는 고객도 있다"면서 "이런 부자는 개인적으로 전혀 부럽지 않다"고 했다. 이를테면 불행한 부자들이라고 할까.

불행한 부자들은 늘 돈이 없어서 걱정이라고 하소연하며 스스로를 가난하다고 생각한다. 항상 뭔가 불만족스럽다는 듯 행동하고, 지금 수중에 모아둔 돈만 갖고도 충분한데 앞으로 자산이 두 배는 더 있어야 한다고 생각한다. 늘 남과 비교하면서 상대적인 박탈감에 시달리기 때문에 고가의 사치품을 팍팍 사면서도 돈이 부족하다고 괴로워한다. 남이 돈을 벌었다고 하면 자신은 마치 큰돈이라도 잃어버린 것처럼(실제로는 손해 본 것이 하나도 없는데) 안타까워하고 속 쓰려한다.

쌓아만 놓고 쓰지 않는다면 그건 돈의 노예다. 돈을 쓰는 것도 인생의 즐거움이라고 할 수 있거늘, 한 푼도 쓰지 않는다면 주객이 전도된 것이다.

돈을 아끼고 모으기만 하는 것이 전부는 아니다. 행복한 삶을 위해 돈을 쓰는 것도 중요하다.

불효자 때문에 웁니다

부모와 자식 간에 재산을 둘러싼 진흙탕 다툼은 앞으로도 계속 늘어날 것이다. 대한민국 경제성장을 이끌어온 세대가 이제 70~80대로 나이가 꽤 지긋해진데다, 부동산이나 주가 등의 자산 가격 상승에 힘입어 모아둔 재산도 상당한 규모로 불어났기 때문이다. 반면 자녀 세대는 이전 세대만큼 일자리를 구하기도 쉽지 않을뿐더러, 모든 자산 가격이 너무 올라버려 부를 축적해 나가기가 쉽지 않다.

부모의 돈을 탐내다가 강탈해 갔다는 불효자식 얘기는 이제 평범한 뉴스다. 어머니를 청부살해해 보험금을 타서는 강남에서 폼 나게 써보고 싶었다는 한 10대 소년의 뉴스도 나왔을 정도니 말이다.

부자들이라고 해서 자식 문제에서 자유로운 건 아니다. 부자들은 자식에게 온갖 사치품을 안기면서도 현실을 직시하고 자신들 못지 않게 돈을 벌기를 바란다. 하지만 현실 감각이 없는 철없는 자식들에게 억대 재산을 한꺼번에 안기는 것보다 위험한 것은 없다는 사실 또한 잘 알기에 늘 고민한다.

남편이 사망한 뒤 장남이 자신을 부양해 줄 것이라 믿고 서울 모처의 토지와 주택을 물려줬던 70대 할머니도 그랬다. 장남은 재산을 물려받자마자 짐승으로 돌변했다. 물려받은 토지와 주택을 어머니 허락도 받지 않고 마음대로 헐값에 팔아치웠고, 어머니를 부양하지도 않았다. 어머니는 결국 법원에 '부양 의무를 이행하지 않았다'며 소송을 냈다.

한 70대 갑부가 부인과 딸 이름으로 66억 원대 보험에 가입했다가 이혼하는 바람에 다 빼앗긴 사건도 있었다. 그는 지난 2006년 부인과 딸의 명의로 보험에 가입했다. 이후 매달 일정액씩 연금 형태로 보험금을 받아 잘 써왔다. 그런데 갑부가 부인과 이혼하면서 문제가 발생했다. 부인과 딸들이 보험금 수령 계좌를 자신들이 직접 관리하는 계좌로 바꾸면서 보험금을 받지 못하게 된 것이다. 갑부는 부인과 딸들을 상대로 소송을 냈지만, 법원은 부인과 딸들의 손을 들어줬다.

돈벌이에도 정도正道가 있다

재테크 정보에 귀를 기울이다 보면 기상천외한 꼼수에 대한 얘기도 가끔씩 듣게 된다. 하지만 그럴 때마다 '그렇게까지 해서 돈을 벌어야 하나' 하는 회의가 드는 게 사실이다.

수년 전 한 금융회사 사장을 만났을 때 황당한 돈벌이에 관한 얘기

를 들었다. 지하자원 개발과 관련된 것으로, 이를 테면 '광鑛박기'라
고 할 만한 수법이었다. 기본 개념은 아파트 개발 부지에 알박기(재
개발 예정지의 중요한 지점에 땅을 조금 사놓고 개발을 방해해 개발업자로부터
많은 돈을 받고 파는 행위)를 해서 건설사로부터 거액의 보상비를 받아
내는 것과 비슷하다.

우선 골프장이나 택지 개발 예정지로 유망한 지역을 찍어 규사나
고령토 채굴 허가를 받아낸 다음 그 땅이 개발되기만을 기다린다.
그러다가 사업이 진행되기 직전, 사업자를 상대로 광업권을 내세워
'공사 중지 가처분 신청'을 낸다. 지상의 땅만 생각하고 수백억 원을
투자한 투자자는 꼼짝없이 거액의 보상비를 주고 광업권을 살 수밖
에 없다.

그 사장은 "고령토나 규사는 우리나라 웬만한 곳에 다 있기 때문
에 이런 수법이 가능하다"면서 "골프장 예정 부지만 잘 찍으면 한 큐
에 20억 정도 버는 것은 쉬운 일"이라고 했다. 쉽게 말해 남의 약점
을 잡아 돈을 뜯어내는 치사한 축재 수법이다.

재테크에도 정도가 있다. 더디고 시간이 걸리더라도 떳떳한 길을
가는 게 중요하다. 큰 부자를 보면 꼼수보다는 정도를 걸어 정당하
게 부를 축적한 사람이 훨씬 많다. '저분이 부자가 된 건 바로 이 때
문이구나' 하고 새삼 느끼게 하는 부자들 말이다.

설사 남의 불행에 기초해서 재산을 모았다고 해도 대개 자식교육
에 실패해 불행해지는 경우가 많았다. 부모의 부도덕한 축재 과정을
지켜본 자식들은 일찌감치 품성이 삐뚤어지거나, 부모에 대한 존경
심이 전혀 없기 때문이다.

　워런 버핏 등 선진국의 부자들은 제도적 틀 내에서 뛰어난 지력과 남다른 성실로 돈을 벌고, 이렇게 번 돈의 상당액은 다시 사회에 기부한다. 우리나라도 이런 부자들이 더 많아져야 명실상부한 선진국이 될 수 있을 것이다.

06

세상에서 가장 무서운 말 6가지

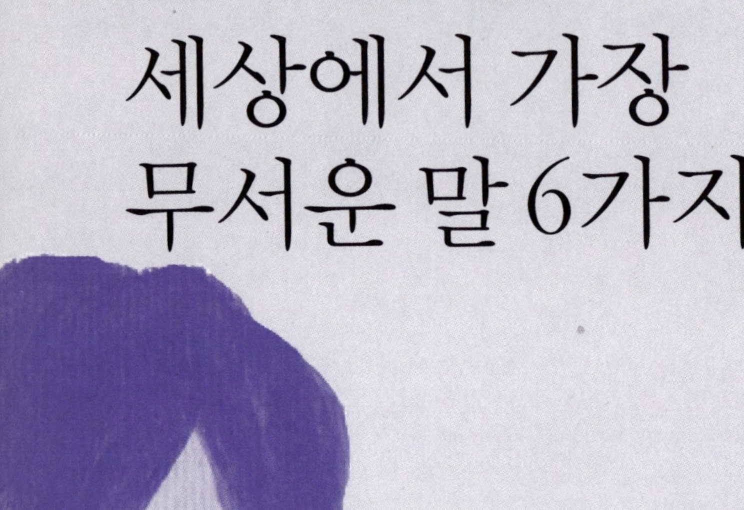

"쉿, 너만 알고 있어"

"당신만 늦었어요"

"오빠만 믿어봐"

"우리는 이웃사촌"

"평생 후회할 거야"

"땅 파서 장사하나요"

SPECIAL TIP 다이어트와 자산관리의 공통점

"쉿, 너만 알고 있어"

"좋은 종목 있으면 혼자만 알지 말고 추천 좀 해주세요."

재테크 담당 기자라고 하면 으레 나오는 말이다. 이 말 속에는 괜찮은 종목만 알면 로또 당첨처럼 큰돈을 벌 수 있을 것이란 기대감이 숨어 있다. 하지만 현실적으로 그렇게 하는 건 쉽지 않다. 주식투자에 관한 한, 그 어떤 종목도 절대적인 수익률이란 존재하지 않기 때문이다. 남이 투자해서 아무리 돈을 많이 번 '대박' 종목이라고 해도 내가 상투에 들어가서 바닥에 나왔다면 나에겐 '쪽박' 종목이다.

주식이라고는 한 번도 해본 적이 없던 K과장의 새드엔딩 스토리. K과장은 '나만 알고 있을 거야'라는 말만 믿고 한 방을 노리다가 한 방에 갔다. 그는 정말 어느 날 갑자기 주식 지름신의 강림을 맞이했다. 회사 선배가 "너한테만 알려주는 거야"라고 흘린 말만 믿고, 코스닥 업체인 A사의 주식을 아내 몰래 대출 받아 2,000만 원어치나 사들였다. 그 선배는 아주 믿을 만한 소식통을 통해 입수한 특급 정보라면서, 그동안 신세를 많이 진 K과장에게만 감사의 표시로 살짝 알려주겠다고 귀띔했다. K과장은 선배의 말을 철석같이 믿었다.

일은 착착 진행됐다. 모든 게 핑크빛이었다. K과장이 주식을 사들인 날부터 주가가 사흘 연속 상한가를 기록했다. '세상에서 가장 억세게 운 좋은 사나이는 바로 내 얘기였구나' 하며 K과장은 흐뭇해했다.

"주식이 위험하다는 건 잘 알고 있었어요. 하지만 월급쟁이 인생은 너무 빤하잖아요. 단조로운 삶에 악센트를 찍고 싶었어요. 주식으로 돈 벌어서 차도 새로 뽑고 마누라한테도 큰소리치고 싶었죠. 주가가 3일 연속 상한가를 기록하니까 회사생활도 즐겁더라고요. 1주일에 소나타 한 대씩은 생길 것만 같았죠. 너무 행복해서 술값도 다 쐈죠."

그러나 그의 행운은 정확하게 '삼일천하'였다. 나흘째 되는 날부터, 아무 이유도 없이 주가가 좍좍 미끄러지기 시작했다. 불안해진 그는 자신이 사들인 회사의 재무제표를 뒤늦게 뒤적여봤고, 큰 충격을 받았다. 3년 연속 대규모 적자를 기록하고 있는 부실 덩어리였기 때문이다. 그래도 지푸라기 잡는 심정으로 선배의 말을 떠올리며 아직 실적으로 잡히지 않은 잠재적인 기술력을 갖고 있으니 괜찮다며 크게 걱정하지 않으려 애썼다.

주가는 계속 미끄러졌다. 조급해진 K과장은 최대한 빨리 처분하려고 허겁지겁 주식들을 내놨다. 하지만 전혀 팔리지가 않았다. 그렇게 체념하면서 보낸 시간이 한 달여. K과장의 주식은 결국 상장폐지를 당했다. 완전히 휴지 조각이 돼버린 것이다. "차라리 잘된 것 같아요.

큰돈을 벌었으면 나중에 분명히 또 묻지마 투자를 했을 테고, 그랬으면 더 큰 손해를 볼 수도 있으니까요. 그나마 수업료 싸게 내고 공부했다고 생각하려고요."

타인의 권유에만 기대어 투자하는 것은 적군의 실체도 제대로 모른 채 진쟁티에 뛰어드는 것과 다를 바 없다. 얼치기 정보를 구별해 내려면 본인 스스로가 공부해서 경제에 대한 자신의 관점을 만들어야 한다. 누군가에게 의지하려는 나약한 마음을 가지는 순간, 재테크 성공은 우리에게서 더 멀어진다.

내 몸에 맞지 않는 큰 옷, 혹은 분수에 넘치는 비싼 옷을 억지로 입으면 어딘가 어색하다. 천의무봉天衣無縫도 내 몸에 맞지 않으면 한낱 천 쪼가리에 불과하다. 몸에 맞지 않는데도 좋다는 말만 듣고 투자한다면 돈을 잃어버리기 십상이다. 파출부 한 명을 고용해도 살림을 제대로 할 줄 아는 가정주부가 제대로 고르지 않던가. 재테크도 예외는 아니다. 내가 잘 알아야만 투자 지휘도 제대로 할 수 있다.

귀동냥 정보는 제대로 된 곳에서 구해야 한다. 개인적으로는, 사업 기회를 엿보기 위해 늘 촉각을 곤두세우고 있는 자영업자들이 들려주는 정보가 알짜 같다. 자영업자들은 웬만한 전문가들을 능가하는 실력을 갖춘 경우가 많아서 황금충이 날아가는 방향을 금방 탐지해 낸다. 미용실이나 음식점 주인들이 들려주는 애기에 바짝 귀를 기울이면 대한민국에 무슨 일이 일어나고 있는지 잘 알 수 있다.

강남에 위치한 한 은행 지점장의 경기 나침반은 '테헤란로 건물주'였다. 금융회사들이 내놓는 주가 전망이나 집값 향방 같은 자료를 보는 것보다 테헤란로에 건물을 가진 고객들의 표정으로 경기를 점치는 게 훨씬 정확하다는 것이다. 그에게는 빌딩 주인들이 건물에 붙여 놓는 '임대' 플래카드 크기도 경기를 판단하는 중요한 잣대다.

"임대 글자가 아주 작게 나와 있으면 경기가 좋아서 세입자가 금방 들어와 공실이 거의 없다는 얘기입니다. 하지만 임대 글자가 커지면 커질수록 세입자 구하기가 어렵다는 뜻이니 경기가 나쁘다는 신호로 읽을 수 있죠."

"당신만 늦었어요"

100명 중 2명만 은퇴 준비를 제대로 하고 있다고? 2009년 여름, 한 외국계 보험사가 한국인들의 은퇴 준비 실태 보고서를 발표했다. 전 세계 15개국 소비자들을 대상으로 실시된 대규모 설문조사였다. '지금이 준비할 때'라는 제목이었는데 당장 노후 준비를 해야 한다는 식의 호들갑스러운 설문조사는 그동안 언론을 통해 숱하게 보도되어 왔던지라 그다지 눈길을 끌지는 않았다.

그런데 보고서를 자세히 살펴보니 좀 너무했다. 우선 내용 자체가 터무니없었다. 응답자의 98%가 은퇴 준비를 전혀 혹은 제대로 하지 않고 있으며, 15개국 중에 가장 은퇴 준비가 잘되고 있는 나라는 인도(42%)였다. 응답자들의 구체적인 수입 규모와 은퇴 준비액 등을 정밀하게 분석한 자료가 아니라 감정적으로 접근해 공포감을 심어주려는 의도가 빤히 내비쳐 무척 실망스러웠다.

우리는 선진국처럼 사회보장제도가 튼튼하게 갖춰진 나라가 아니다 보니, 노후 얘기만 나오면 선생님이 내준 숙제를 제때 마치지 못한 어중간한 기분이 들면서 초조해지고 불안해진다. 보험설계사나 재무컨설턴트를 만나고 나면 심리적으로 크게 충격을 받고 자포자기 상태에 빠지는 사람들도 많다.

하지만 금융회사 영업사원이 해주는 말은 절반 정도 에누리해서 들어야 한다. 그들은 자신들의 수익 기반이 되는 금융상품을 팔아야 하기 때문에 현실을 있는 그대로 설명하기보다는 과장하려는 경향이 강하다.(물론 적당한 공포심 조성 작업도 필요하다. 막연히 '나중에 어떻게든 되겠지'라고 생각하면서 회피하려는 타조 같은 사람들 때문이다. 타조는 위험에 빠지면 모래 속에 머리부터 파묻는다. 눈에 보이지 않으면 일단 안심하는 것이다. 많은 사람들이 타조처럼 자기 몸의 90%가 위험에 노출돼 있는데도 눈치 채지 못한다.)

재무컨설팅업체 웰시안닷컴의 심영철 대표는 "금융 소비자가 손해 보지 않으려면 장사꾼이 과장해서 떠드는 말을 가려들어야 한다"고 강조한다. 금융회사들이 먹고 살기 위해서 휘두르는 묘략에 순진하게 말려들지 말라는 것이다. 심 대표는 행복한 노후를 보내려면 10억 원 이상 준비해 놔야 한다는 모 금융회사의 주장을 예로 들면서 '단순한 숫자 놀음'이라고 잘라 말한다.

"금융회사는 속성상 철저하게 상업적인 계산하에서만 움직입니다. 금융회사들이 들으면 펄쩍 뛰겠지만, 은퇴 자금은 죽을 때까지 살 집 한 채와 현금 2억~3억 원 정도면 충분합니다. 서울이 아니라 지방에 내려가 산다면 더 풍족하게 살 수 있죠. 자녀교육비가 없고

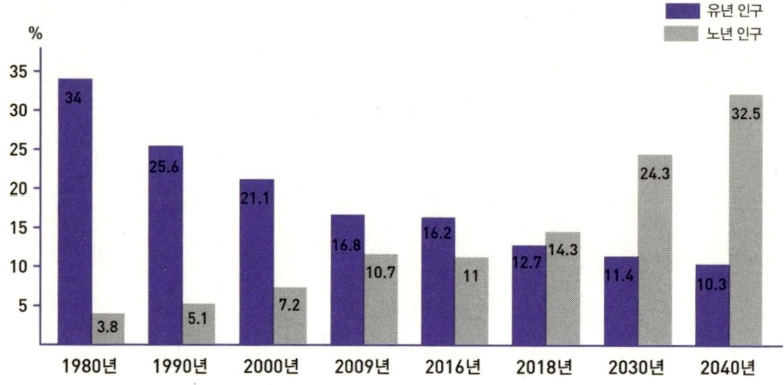

고령화 사회 진행 중

우리나라는 현재 고령화 사회다. 65세 이상 인구가 7% 이상인 나라는 고령화 사회, 14% 이상이면 고령 사회, 20% 이상이면 초고령 사회라고 부른다.

대출이자도 없다면 이 정도로 충분합니다. 게다가 경제활동을 해왔다면 국민연금도 받잖아요. 살면서 정 돈이 모자라면 주택연금(종신형 역모기지론)을 활용하면 됩니다."

사실 노후에 집 한 채 있고 한 달에 200만 원 정도 고정 소득이 있으면 그다지 고달프진 않을 것이다. 200만 원이 좀 부족하다 싶으면 정부가 제공하는 주택연금제도를 활용해 생활비를 융통할 수도 있다. 무책임하게 내던져지는 '돈 없이 장수하는 게 인생의 가장 큰 위험'이라는 말은 적당히 가려서 듣자. '남들도 다 한다'는 식의 불안 마케팅에 휘둘려 가계부 사정은 고려하지도 않은 채 과도한 노후 준비에 혈안이 될 필요는 없다.

"오빠만 믿어봐"

"○○님 말만 믿고 투자를 포기했죠. 근데 그 아파트가 6개월 만에 5,000만 원이나 올랐습니다. 투자는 본인 책임이니까 남 탓하면 안 되겠지만 그 아파트를 볼 때마다 원망스러워요."

한 인터넷 부동산 카페에 올라와 있는 글이다. '○○님'이 누구인지 궁금해서 찾아보니 인터넷에서 '재야의 고수'라 자칭하는 사람이었다. 하지만 이름이 뭔지, 직업이 뭔지는 전혀 알 수 없었다. 현재 금융회사에서 일하는 사람은 아니고, 그저 인터넷을 통해 이것저것 부동산시장에 대한 전문지식을 쏟아내는 사람 같았다.

그런데 사이버 세상 속에 숨어 있는 사람의 말만 믿고 중대한 의사결정을 내리는 사람이 있다는 사실이 참으로 신기하고도 놀라웠다. 그 사람이 무슨 자선사업가도 아닌데 어찌 그렇게 철석같이 믿고 기댈 수 있었을까. 한편으로는 '얼마나 답답했으면 그랬을까' 하는 안

타까운 생각도 들지만.

사람들은 여차저차해서 책 한 권 냈다고 하면, 혹은 어설프게 대충 내뱉은 예측이 운 좋게 맞기라도 하면 그를 진짜 전문가라고 믿어버린다. 어쩌다 예측이 적중하기라도 하면, 수많은 네티즌들이 맹목적인 신앙심으로 교주敎主인 양 떠받든다.

'짝퉁 고수'들은 평범한 투자자들을 위하는 척하면서 추천 종목을 알려주고 투자해 보라고 부추긴다. 하지만 악마의 유혹에 넘어가선 안 된다. 작전 세력의 트릭에 휘말려 패가망신하기 딱 좋으니 말이다. 모두에게 다 공개되어 있는 활자화된 정보로는 초과 수익률을 얻어낼 수 없다. 인터넷에 떠돌아다니는 자료들은 그냥 다른 사람들이 어떻게 생각하는지 정도의 참고 자료로만 활용해야 한다.

우리 주변에는 '사이비 의사'들이 너무나도 많다. 신문이나 방송에 나오는 전문가라 해도 진짜 고수高手가 아니라 북 치며 물건을 파는 고수鼓手일 수 있다. 그러나 사람들은 사탕발림으로 가득 찬 어설픈 선무당들의 말에 더 솔깃해한다. 인스턴트 음식처럼, 간단하게 움직이면서 고수익을 올릴 수 있는 '인스턴트 재테크'를 원하는 사람들이 많기 때문이다. 남들보다 먼저 큰돈을 벌어야 한다는 절박한 심정에서 믿고 의지할 수 있는 안전판을 찾아나서 보지만, 조급한 마음이 앞서다 보니 사이비들의 속임수에 휘말리고 마는 것이다.

한때 유명 탤런트의 부인이 친하게 지내던 지인에게 돈을 맡겼다가 56억 원이나 뜯겼다는 뉴스가 여의도 증권가에서 화제가 됐다. 일종의 다단계 금융 사기였다고 한다. 수법은 간단하다. 지인이 '아주 잠깐만 돈을 빌려달라'며 부탁을 해온다. 처음엔 겁이 나서 이런

저런 핑계를 대며 소액만 빌려준다. 하지만 돈을 빌려간 사람은 원금에 고리의 이자까지 보태서 칼같이 제시간에 돌려준다. 돈을 빌려줬던 사람은 '어머! 은행보다 훨씬 이자가 높네' 하는 생각이 들면서 돈 붙는 재미에 이성을 잃게 된다. 점점 투자 금액이 늘어나면서 일정 금액 이상 큰돈으로 불어난다. 그리고 그때 사기꾼은 유유히 잠적해 버린다.

정직한 고수들은 겸손하다. 돈 버느라 바빠서 인터넷에 글 올릴 시간조차 없다. 할 일 많고 바쁜데 글은 언제 쓰겠는가. 다른 사람의 의견에 귀를 기울이는 것은 좋은 자세다. 하지만 결국은 피 같은 내 돈 아닌가. 내 돈은 나만이 가질 수 있고, 나만 지킬 수 있는 것이다.

"우리는 이웃사촌"

은행에서 통장정리를 하고는 "고맙습니다"라는 감탄사가 절로 터져 나왔다. 지난달 아이 학원비와 병원비로 각각 10만 원씩 총 20만 원을 카드로 결제했는데, 지출액의 10%인 2만 원을 통장으로 환급받았기 때문이다. 그저 통장 하나 개설해 용돈 정도 넣어놓고는 연회비 공짜인 체크카드 한 장 만들어 긁었을 뿐인데. 꼭 써야 할 돈인데 10% 환급까지 받다니, 마치 공돈이라도 주운 것 마냥 뿌듯해졌다.

취재하다 보면 한 달에 수십 개가 넘는 신상품을 접하게 된다. 그런데 세상에 나오는 모든 금융상품들이 팔방미인은 아니다. 득이 되는 착한 상품이 있는가 하면, 소비자를 말 그대로 '봉'으로 알고 금융회사에 유리하게 만든 나쁜 상품도 있다.

우연이든 필연이든 착한 상품과 만나게 되면 무척 반갑다. 한번은 해당 은행의 상품 개발 담당자에게 전화를 걸었다. 그런데 담당자 대답이 뜻밖이었다. "정말 좋은 상품이죠? 제 생각엔 정말 천만 명은 가입했어야 할 것 같은데, 아직 10분의 1밖에 안 되네요. 갈 길이 멉니다."

금융 당국에서조차 '기특하다'고 비공식적인 칭찬 멘트를 날려줄 만큼 착한 통장인데 왜 예상만큼의 인기를 누리지 못하는 걸까? 한 은행 임원은 이렇게 설명했다.

"서양 사람들은 이해 득실을 따져보고 아니다 싶으면 바로 거래를 끊어요. 하지만 한국 사람들은 정으로 똘똘 뭉친 민족이죠. 한번 거래를 트면 어지간해서는 다른 곳으로 움직이려 하지 않습니다. 한국인들은 세계 그 어떤 민족보다 스티키sticky(끈적끈적한)할 겁니다."

우리나라는 아무리 더 좋은 조건을 내걸고 유혹해도 이미 다른 곳과 거래하고 있는 고객들을 끌어오기가 쉽지 않은 시장이라는 것이다. 사실 우리나라와 같은 '믿음의 공동체'에서 배신을 시도한다는 것은 어쩐지 께름칙하다. 아무 불만 없이, 그저 금융회사가 하라는 대로 순순히 다 받아들이고 순종하는 게 미덕이라는 생각까지 든다.

물론 요즘 젊은층을 중심으로 이쪽저쪽 날아다니면서 단물만 쏙 빼먹는 지능적인 철새 고객들이 늘고 있기는 하다. 신용카드든 월급통장이든 정기예금이든 경쟁사에서 조금이라도 나은 조건을 제시하면 옛 정을 과감히 끊고 단번에 새 둥지로 옮겨가는 식이다. 금융회사 입장에서 보면 엄청 알미운 얌체 고객이다. 허나 고객 입장에서는 '배신'이 곧 돈이 되는 재테크로 이어지니 마다할 이유가 없다.

영리한 소비자들만이 금융회사를 길들일 수 있는 법이다. '봉'이 아니라 '여왕' 대접을 받으려면 상대방 정신이 번쩍 들게끔 먼저 본

때를 보여줘야 한다. 자, 한번 돌이켜보자. 물건은 대충 팔고 애프터
서비스는커녕 오히려 모든 잘못은 고객 책임이라고 발뺌하는 가게
에서 쇼핑을 계속하고 있지는 않은지, 실익은 하나도 챙기지 못하는
순진한 텃새 고객으로 대접받고 있는 건 아닌지 말이다.

　금융회사 앞에서는 왠지 그냥 목소리가 작아진다고? 괜히 주눅
들고 겁이 난다고? 눈을 부릅뜨고 목소리를 높여 당당하게 나의 금
융 주권을 챙기자. 금융회사 직원은 고객을 위해 서비스하는 대가로
돈을 버는 사람이 아닌가. 불만은 솔직하게 털어놓고 요구도 분명하
게 해야 한다. 호환 마마보다 고객이 무섭다는 걸 보여줘야 한다. 물
론 그렇다고 무턱대고 우기고 고집 부려서는 곤란하겠지만 말이다.

"평생 후회할 거야"

"재테크 어떻게 하고 계세요? 좋은 투자처가 있어 소개해 드리고 싶은데 잠깐 시간 좀 내주세요."

누구나 한두 번쯤은 받아봤음 직한 전화 내용이다. 무슨 이야기를 해줄까 궁금해서 나도 순진한 주부를 가장해 자세히 들어본 적이 있다. 이런저런 사람 사는 얘기를 보태기 때문인지 본론과 서두가 무척 긴 편인데, 결론은 간단하다. 요약하면, 엄청난 호재가 있는 땅을 소개해 주겠다, 이 땅에 투자해 놓고 3년만 참으면 큰돈을 벌 수 있다는 것이다. 끝까지 잠자코 듣고 있던 나는 "그렇게 좋은 정보를 생판 남인 저한테 왜 알려주시나요? 전화 주신 분이 직접 투자하지 그러세요?"라고 차갑게 대꾸했다. 전화는 바로 딱 끊겼다.

이런 투자 권유 전화는 보통 기획부동산에서 걸려온다. 기획부동산을 구체적으로 설명해 보면 '부동산을 기획해서 이윤을 추구하는 업체'쯤 되겠다. 기획부동산이라고 해서 다 나쁜 건 아니지만, 많은 업체들이 쓸모없는 땅을 터무니없이 비싸게 팔기 때문에 피해자가 속출한다.

기획부동산의 먹잇감은 한 방에 고수익을 챙기고 싶어 하는, 헛된 대박 꿈에 사로잡힌 사람들이다. 그래서 얼굴에 '너 잡아먹을 거야' 라고 써놓고 접근하지는 않지만 우리 마음에 욕심의 그림자가 드리운 순간, 순식간에 다가와 넋을 빼놓는다.

처음에는 겁도 나고 잘 모르고 하니까 기획부동산의 검은 유혹을 단번에 뿌리치기도 한다. 하지만 이들은 '당신이 새가슴이라서 큰 돈 벌 수 있는 기회를 놓치는 것'이란 생각을 은연중에 심어놓는다. 그래야 다음번에는 적극적으로 변하기 때문이다. '이렇게 좋은 기회를 놓쳐버린 당신은 평생 후회할 것'이라는 말도 은근슬쩍 흘린다. 기획부동산이 미리 대기시킨 바람잡이들도 슬며시 다가와 달콤한 말들을 쏟아낸다. 마치 잘 짜인 각본처럼 말이다. 그리고는 얼마 뒤 '앞으로 수십 배 치솟을 땅을 특별히 당신에게만 싸게 판다'면서 다른 땅을 소개하고 또다시 쇼핑욕을 자극한다.

다들 툭 까놓고 말을 안 해서 그렇지, 우리 주변에 기획부동산의 마수에 걸려든 사람은 의외로 많다. 대형 시중은행의 F팀장도 기획부동산의 피해자였다. 그는 기획부동산에서 일하는 지인의 권유로 수년 전 경기도 안성에 작은 땅을 샀다. 회사 일로 바빠서 현장에 가볼 시간이 없었기 때문에 지인이 해준 말만 철석같이 믿었다. 2년쯤 지나서야 자신이 투자한 땅에 가본 그는 망연자실했다. F팀장이 산 땅에 가려면 작은 강을 하나 건너야 하는데, 폭우로 다리가 유실되어 가볼 수조차 없었던 것이다. 무인도처럼 완전히 고립되어 있는 땅이었다. F팀장은 "그냥 자식들한테나 물려줘야겠다"며 한숨지었다.

뒤늦게 후회한들, 때늦은 소송을 제기한들, 구제받을 수 있는 방법은 없다. 수천만 원, 수억 원이 오가는 계약을 현장에 가보지도 않고 대충 투자한 사람에게 더 많은 책임이 있다. 공부를 안 하면 그만큼 위험을 더 떠안을 수밖에 없으며 손해를 보는 것도 당연하다. 토지에 투자한다면 번거롭더라도 현지 답사는 필수 과정이다. '1,000만 원밖에 안 한다는데 10년 정도 묻어두면 오르지 않을까?'라는 생각은, 절대 하지 말아야 한다. 차라리 그 돈으로 1,000만 원어치 로또복권을 사는 게 낫다.

"땅 파서 장사하나요"

보험업계에서는 '베스트셀러는 없다'는 말이 공공연한 진실로 통한다. 보험사 역시 영리를 추구하는 사기업인데도 말이다. 보험사들은 베스트셀러 상품이 나오면 바짝 긴장하고 경계경보부터 울린다. 그리고 예상보다 많이 팔린 베스트셀러 상품은 조용히 진열대에서 빼버린다. 알음알음 입소문이 나면서 많이 팔린 상품은 나중에 큰 손해로 이어질 가능성이 높기 때문이다. 과거 사례를 살펴보면, 상품 설계가 잘못돼 보험금을 쉽게 탈 수 있게 되어 있거나, 역선택(보험사고 발생 가능성이 높은 사람이 보험금을 노리고 가입하는 행위)이 가능한 상품이 많이 팔렸다.

얼마 전까지 대히트를 친 암보험이 대표적인 예다. 많은 보험사들이 고객 유치용 미끼 상품으로 암보험을 팔았다. 그런데 국민건강보험공단이 암 조기검진 사업을 확대하면서 문제가 생겼다. 국민들이 의무적으로 병원에서 암 조기검진을 받게 됐고, 그러면서 암을 초기에 발견해 완치하는 환자들이 늘어난 것이다. 초창기 암보험은 암이 발견되면 완치 여부와 상관없이 수천만 원의 진단금을 한꺼번에 지급해주는 방식이었기 때문에 보험금 지급은 빠른 속도로 급증했다. 상황이 급박해지자, 대다수 보험사들은 지난 2006년부터 소리 소문 없이 암보험 상품 판매를 중단했다. 지금은 4~5개 중소형 보험사에서만 보험료를 높게 책정해 제한적으로 팔고 있다.

여성 고객들을 겨냥해 출시됐던 요실금보험도 비슷한 사례다. 요실금 수술을 받으면 보험금 500만 원을 주는 상품이었는데 수술이 쉬워진데다 2006년에 건강보험 적용 대상으로 편입되면서 보험금 지급이 크게 늘어났다. 지급 조건을 까다롭게 해서 상품을 새로 내놓는 등 대응책을 마련했지만 소용없었다. 결국 이 보험사는 요실금보험 판매를 중단했다.

카드업계 역시 마찬가지다. 처음 고객을 유치할 때는 온갖 감언이설을 동원하지만, 막상 입소문이 나서 손님들이 지나치게 몰려들면 바짝 긴장한다. 미끼로 제시했던 푸짐한 부가서비스와 할인 혜택이 자칫 부메랑이 되어 회사 손익에 나쁜 영향을 미칠 수 있다는 우려에서다. 카드사들이 부가서비스를 기습적으로 축소하는 것도 이 때문이다.

보험사든 카드사든 금융회사가 잘못 설계하거나 엉뚱하게 예측해서 내놓은 '가슴 아픈' 상품에 재빨리 올라탄 소비자들은 남몰래 행복한 웃음을 짓는다. 실속을 챙길 수 있어서다. 금융회사는 영 못마땅하겠지만, 고객 입장에서는 알짜배기 상품에 가입한 것이어서 이득을 취할 확률이 높아진다. 한편, 소비자 편에 서서 만들어지는 금융상품들은 장수하지 못하고 짧은 생으로 마감하는 경우가 많다. 좋은 상품은 똑똑한 네티즌들을 중심으로 알음알음 입소문이 나게 마련인데, 생각지도 않게 많은 손님들이 몰려오면 이를 수상하게 여긴 금융회사들이 그 이유를 뒤늦게 눈치채고는 칼같이 셔터를 내려버린다.

나는 이런 해프닝들을 여러 번 체험했다. 소비자에게 유리한 알짜배기 상품이나 혜택이라고 생각해서 일부러 신경 써 신문에 소개했는데 해당 금융회사로부터 감사 인사를 받기는커녕, 되레 역습을 당하는 식이다. 보통의 경우라면 신문에 단 한 줄이라도 기사 형태로 나가길 바랄 텐데, "제발 부탁인데, 신문에는 아무 내용도 쓰지 않으면 좋겠다"고 노골적으로 말하는 경우도 있었다.

신문에 나오는 정보는 보통 인터넷이나 방송 등 여러 매체들을 통해 확대 재생산되는데, 그런 과정이 거듭되면서 체리피커cherry picker(기업의 상품이나 서비스를 이용하지 않으면서 실속만 챙기는 사람들)들이 냄새를 맡고 몰려드는 경우가 많다. 금융회사들은 해결책 마련에 몰두하다가 해당 금융상품을 조기 마감하거나 부랴부랴 혜택을 줄여버린다.

그래서 나는 신문에 공개하지 않고 잠자코 있었으면 상당 기간 더 오래 챙길 수 있는 보너스였는데, 괜히 긁어서 부스럼만 낸 것 아닌가 하는 자괴감에 시달리기도 한다. 뒤늦은 후회로 머리를 싸매는 내 자신이 처량할 때가 많지만, 그럼에도 불구하고 나는 치열한 금융시장에서 살아남기 위해 고군분투하는 소비자들을 위해 알짜 정보와 틈새 혜택을 더욱 열심히 찾아내어 꿋꿋하게 알려나갈 생각이다.

다이어트와 자산관리의 공통점

　이 책을 다 읽은 후 자극을 받아 돈을 모으겠다는 일념하에 지독한 목표와 계획을 세워 실천해 나가려는 당신! 그러나 생각하는 것만큼 원하는 것들이 착착 진행되지 않을 수 있다. 모든 일에는 시행착오가 발생하게 마련이니 절대 슬퍼하거나 좌절하지 말고 슬기롭게 극복해 나가면 된다.

　내가 권태기를 맞이할 때 활용하고 있는 방법이 있어 소개할까 한다. 재테크를 시작한다고 혹은 열심히 하고 있다고 주변에 소문을 내는 것이다. 작년에 산 청바지가 올해는 꽉 끼여 충격받고 다이어트에 돌입하면서 성공 확률을 높이기 위해 일부러 친구들이나 회사 선후배들에게 소문을 내는 것처럼 말이다. 다이어트를 해본 여성들이라면 다들 알겠지만, 남들에게 소문을 내면 스스로 바짝 긴장하고 생활하게 되기 때문에 확실히 효과가 있다. 본격적으로 쓰기 시작한 가계부를 가족이나 친구에게 보여주는 것도 좋고, 개인 블로그나 인터넷 재테크 카페 등에 주기적으로 경과를 보고하는 것도 괜찮다.

　남들이 돈을 모으고 쓰는 법에도 관심을 갖고 구경해보자. 벼락같은 자극을 받기도 한다. 유명한 재테크 포털사이트인 모네타www.moneta.co.kr에 가면 알뜰하게 살림살이를 꾸리는 주부들이 지난 한 달간 써온 가계부를 공개하는 코너가 마련돼 있다.

나는 생활이 나태해지고 게을러지는 것 같다 싶으면 남들이 올린 가계부들을 구경하며 마음을 다진다. 남편 월급 100만 원을 알뜰살 뜰하게 요리하는 열혈주부, 아이 둘 교육비를 아껴 노후를 준비하는 맹모, 남편 월급을 이리저리 쪼개어 비자금을 마련하는 알뜰주부 등 가계부 하나하나가 전혀 지루하지 않고 재미있다. 회원으로 가입하 지 않고도 자유롭게 읽을 수 있어 편리하다. 여기 말고도 가계부를 공개하는 곳들이 꽤 있으니 참고로 소개한다.

가계부 구경하는 곳

홈페이지	특징
모네타 미니가계부 mini.moneta.co.kr	미가파티 코너에 오픈가계부를 싱글, 맞벌이, 외벌이, 익명 등으로 나누어 소개하고 있음
네이버 오픈가계부 moneybook.naver.com	월 결산 코너에서 주제나 나이, 성별 등으로 분류된 가계부를 읽어볼 수 있음

자녀 예찬 시대의 종말

"요즘엔 10만 원 갖고 시장 나가도 금방이네요. 아이가 커갈수록 이것 저것 가르칠 게 많아지다 보니 교육비도 만만치 않고요. 더군다나 전 아이들이 셋이나 된답니다. 남편 월급만으로는 빠듯한 생활이네요. 나중에 자식들한테 짐 되기는 싫은데, 다른 분들은 어떻게 노후 대책을 세워뒀는지요? 아직 내 집 마련도 못한 상태라 불안하기만 하네요. 집이라도 있으면 덜 불안할 텐데 여태 뭐했나 싶어요. 아이들이 고만고만하고 손이 많이 갈 때라 직장 다니는 것도 어설프고요."

_하마부인 님

"신랑 월급이 매달 바닥나는 것 같아요. 사치를 하는 것도 아니고 호텔에서 식사를 하는 것도 아닌데……. 지금 아이에게 해주는 것들은 정말 기본 중의 기본이라고 생각하는데, 교육비가 버거워지니 심란합니다. 십만 원 단위로 세던 게 언제인지, 지금은 백 단위가 기본이네요. 아무 대책 없이 아이한테 올인하다가 우리 부부 노후만 우울해지는 건 아닌지 걱정스러워요. 노후 생각하고 저축하려니 아이한테 해주고 싶은 게 너무 많고, 아이를 서포트해주면 뭔가 달라지지 않을까 하는 생각도 들고. 갈수록 살기 힘들어서 내 집 마련은 생각도 못하겠어요. 저만 그런 건지 다들 그러신 건지. 노후 생각을 하면 막막해요."

_진아 님

"요즘 아이들은 하기 싫은데 억지로 하는 게 아니라 본인은 하고 싶은데 엄마가 못해 주는 경우가 많대요. 저 역시 답답한 마음에 가끔 로또도 사봅니다. 이성적으로는 아이 스스로 살아갈 수 있을 정도의 교육만

해야지, 나중에 늙어서 아이에게 손 벌리지 않고 내 맘껏 누리면서 살리라! 외치지만 노후는 아직도 먼 훗날의 일처럼 느껴지니 자꾸 아이에게 올인하게 됩니다. 내 몫을 내가 챙겨야 할 텐데, 나중에 늙어서 구박받을까 두려워요. 친정엄마도 애한테만 올인하지 말고 너희 먹고 살 것은 남기라고 충고하시는데. 아이를 자립형 인간으로 키우겠다면서 정작 내 자신은 자립을 못한다면 말도 안 되겠지요." _a5mori 님

"유달리 사달라는 게 많은 5세 딸아이 엄마예요. 얼마 전에 '엄마도 돈 벌어와'라고 해서 황당했네요. 장난감 가게에서 뭔가 또 사달라고 해서 '저번에 인형 사줬잖아. 지금 돈이 없어. 나중에 사줄게'라고 했더니 회사에 취직해서 돈 벌어오라고 하더라고요. 당황해서 '엄마 회사가면 너 혼자 있어야 하는데 괜찮아?'라고 물었더니 '나 혼자 있어도 괜찮으니까 얼른 회사 나가. 나 장난감 사고 싶어'라고 하더군요. 물론 나중에 정말 회사 나가겠다고 하니까 그제야 가지 말라고 했지만요. 아이들 눈에도 아빠는 돈 벌어오니까 쓸모 있고 엄마는 돈 안 벌어 오니까 쓸모없는 걸까요. 씁쓸하네요." _긍정적이기주의자 님

(출처 : 인터넷 육아 카페)

세상에 나는 없고 아이만 있다

"우리나라에는 부자로 사는 사람은 얼마 안 되고, 부자로 죽는 사람이 너무 많은 것 같아. 부자로 사는 아름다움을 향유하지 못하고 부자로 죽는 비극만 되풀이하지. 자식들 뒷바라지 하는 것도 중요하고 집 한 채라도 물려주는 게 부모 된 도리라고 생각하는 사람도 있겠지만, 정작 내 자신의 노후는 생각지도 못하고 있다가 말년에 자식들과 재산의 노예가 되어버리는 것은 이제 그만해야 한다고 생각해."

10년간 미국에서 생활한 홍모 할아버지(77세)의 얘기다. 홍 할아버지는 자녀들 간에 재산과 부모 부양 문제 등으로 다툼이 생겨 우애가 상하는 모습을 보고 상실감에 빠졌다. 그는 자녀들에게 재산 대부분을 물려주고 홀로 한국에 귀국한 뒤, 바로 주택연금에 가입했다. 주택연금이란 주택을 담보로 맡기고 죽을 때까지 매달 일정 금액의 생활비를 받는, 만 60세 이상 고령자 전용 제도다. 그는 자식들에게 의지하지 않고 혼자 힘으로 살 수 있다는 게 무엇보다 만족스럽다고 했다.

우리는 냉혹한 현실을 인정해야 한다. 나중에 자식에게 버림받을지도 모른다고 걱정할 게 아니라, 버림받을 것이라는 전제하에 노후를 준비해야 한다. 자녀에게 투자하면 성장한 자녀가 늙은 부모를 봉양하는 형태로 노후를 보장받던 시대는 끝났다. 같은 식구라도 자신의 노후는 각자가 책임져야 하는 각개격파의 시대다.

실제로 우리나라에서 효孝에 대한 가치관은 빠른 속도로 바뀌고 있다. 2009년 일본 내각부가 세계 각국의 18~24세 젊은이 1,000명

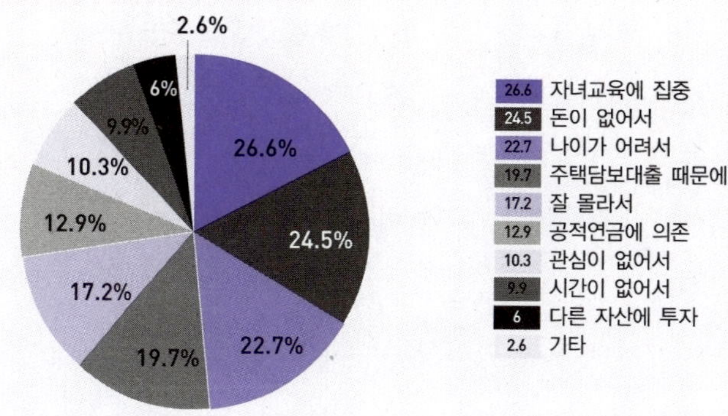

〈자료 : 피델리티자산운용〉

을 대상으로 조사한 자료(세계 청소년 의식 조사)만 살펴봐도 효를 중시하는 의식은 점차 옅어지고 있음을 확실히 알 수 있다. '사정이 여의치 않더라도 부모님을 꼭 모시겠는가'라는 질문에 그렇게 하겠다고 대답한 한국 젊은이들은 전체의 28%에 불과했다. 반면 10년 전인 1998년 조사에서는 44.3%, 2003년 조사에서는 39.4%가 적극적으로 부양 의사를 표시했었다.

그런데도 아직까지 우리나라 30~40대들은 노후 준비를 체계적으로 하지 못하고 있다. 노후 준비를 더디게 하는 가장 큰 이유는 무엇일까?

여러 조사 결과를 보면 다름 아닌 '자녀교육비'가 걸림돌이었다. 한국 부모들은 그야말로 버는 소득의 대부분을 사교육비에 쓸어넣는다. '좋은 대학만 간다면 뭔들 아끼랴'는 식이다. 자녀가 중·고등학생이고 두 명 이상이면 저축은 불가능하다. 자녀 뒷바라지에 대한 의무감 때문에 정작 자신의 노후는 챙기지 못한다.

　자녀교육비는 단순한 지출 항목이 아니라 종합 재테크 차원에서 대응할 필요가 있다. 체계적인 계획도 세우지 않고, 그저 자신의 가처분 소득만으로 교육비를 부담하려 한다면 나중에 늙어서 고생하기 십상이다. 자녀가 어릴 때 교육에 과다한 투자를 했다가 대학 때 부모가 줄 수 있는 등록금이 부족해서 허덕거릴 수도 있다.

　어린 자녀의 교육비를 아끼는 건 미래의 교육비라고 생각하고, 조기교육을 시키는 데에 지나치게 큰 비용을 지출하지 않는 게 좋다. 그렇게 아낀 돈은 미래에 쓸 교육비 통장에 넣어 차곡차곡 모아가면 된다. 미래 교육비 통장은 살면서 예상치 못하게 갑자기 돈을 써야 할 일이 생겨도 절대 건드리면 안 되는 '언터처블 통장'으로 생각해야 한다.(통장 명의는 자녀로 해두자. 자녀 이름이 떡하니 통장에 적혀 있으면 미안한 마음이 앞서기 때문에 어지간해서는 깨지 못한다.)

　은퇴자금을 자녀교육비에 몽땅 쓰면 부모와 자녀 모두 불행해질 수 있다. 대학교에 입학한 다음부터는 스스로 학비를 해결해야 한다고 어릴 때부터 반복 주입시키는 것도 방법이다. 특히 비자금이나 퇴직금은 아무리 자녀 혼수 때문이라고 해도 헐어서는 안 된다.

아! 아! 아! 돈 콤플렉스

　'개천에서 용 난다'는 말은 어느새 까마득한 옛말이 됐다. '개용남(개천에서 용 난 남자)'은 점차 사어死語가 돼가고 있다. 부모의 소득 수준이 높을수록 자녀의 학업 성취도가 높다는 통계도 나와 있다.

　상황이 이러하니 자녀를 일류대학에 보내려면, 첫째 할아버지의 재력, 둘째 엄마의 정보력, 셋째 아이의 체력, 넷째 아빠의 무관심, 다섯째 일하는 아줌마의 충성심이 필요하다는 농담까지 공공연하게 회자되고 있다.

아버지가 매달 받아오는 월급만 갖고서는 도저히 해결하기 어려워진 자녀 교육 문제. 그래서 많은 사람들이 할아버지의 재력까지 끌어다가 해법을 찾아보는지도 모르겠다. 대한민국에서 월급만 갖고 부자가 된다는 건 '교과서만 공부해서 수석 합격했다'는 말만큼이나 뻔한 거짓말이다.(굴지의 대기업 임원이라면 얘기가 달라지겠지만.)

그래서 45세 이전에 부자가 되지 않으면 평생 부자 되긴 글렀다는 말도 나왔나 보다. 45세 이전에 부자가 되는 지도를 그려놓고 재정 상태를 완벽하게 만들어놔야 한다는 것이다. 생각해보면 아주 허무맹랑한 얘기는 아니다. 거액 자산가가 아니라면 대부분 월급은 고만고만할 것이다. 그런데 사교육비로 과다하게 지출하게 되면 노후 대책을 세울 여력은 당연히 줄어든다. 첫아이가 고등학교에 들어갈 즈음인 45세에는 소득도 많아지지만 소비는 훨씬 더 많아지기 때문에 재테크는 꿈도 못 꾸게 된다. 45세부터는 대학 학자금에서부터 결혼 비용에 이르기까지 목돈이 들어가는 대형 사건들이 줄줄 이어진다. '자식을 위한' 교육비 투자가 나중에 자식에게 '짐'으로 바뀌는 것은 정말 순식간이다.

아직도 아이를 월 300만 원짜리 '노후보험'이라고 생각한다고? 사랑이란 이름으로 포장된 부모의 욕심과 기대는 내려놓아야 한다. 사교육비로 노후자금을 전부 다 소모하고 자녀의 짐이 되는 것과, 자녀에게 현실을 직시하게 하고 노후에 자녀에게 짐이 되지 않는 것, 어느 쪽을 택할지는 당신에게 달렸다.

막장 부모와 마이너스 유산

여고 동창인 W는 번듯한 직장에 다니며 월급도 많이 받지만 제대로 돈을 모으지 못한다. 늘 사고(?)만 치는 친정엄마 뒤치다꺼리 때문이다. 내게 이렇다 할 불평을 한 적은 거의 없었는데, 하루는 친정엄마 때문에 너무 힘들다며 하소연을 했다.

"부모님이 재산을 물려주지 않았다며 속상해하는 사람들이 있는데, 그건 정말 뭘 몰라서 하는 소리야. 빚이랑 걱정거리 안 물려주는 것만으로도 정말 감사해야지."

부모가 노후 준비를 전혀 해두지 않아 아이들에게 전적으로 의지한다면, 자녀 입장에서도 괴로운 일이다. 자녀 역시 예년에 비해 빨라진 은퇴에 대비해 노후를 준비해야 하고, 매년 치솟는 자녀교육비와 내집 마련 비용을 모아야 한다. 그런데 여기에다 노부모 부양의 짐까지 짊어져야 한다면, 너무 가혹하지 않은가. "내가 널 어떻게 키웠는데, 나한테 이럴 수 있니?"라며 자녀에게 화풀이 정도는 할 수 있겠지만.

한 재테크 사이트에 익명으로 올라온 글 중에 수많은 사람들의 공감을 얻어낸 글이 있었다. 자신의 신분을 서울에 있는 명문대를 나와 대기업에 취직한 신입사원이라고 밝힌 20대 남성이 쓴 글이다.

"우리 부모님은 날 교육시키려고 없는 돈 끌어모아 고액과외를 시키고, 집까지 팔아 강남으로 이사 왔습니다. 하지만 현재 전셋집 밖에는 가진 것이 없습니다. 어렵게 대기업에 취직은 했지만 제 연봉은 세금 빼면 2,000만 원 정도예요. 앞으로 결혼은 어떻게 하고 자식은 어떻게 키우며, 여기에다 우리 부모님 생활비는 어떻게 해결해야 할지 정말 까마득합니다."

글쓴이의 괴로운 심정이 절절하게 묻어나와 나는 무심코 '그래도 이런 고민을 하다니 참 효자시네요'라며 주절주절 댓글을 달았다. 다들 대놓고 말을 안 해서 그렇지, 부모님이 물려주신 마이너스 유산 때문에 고통받는 자녀들은 의외로 많다. 나를 낳으시고 미역국을 드신 어머님인데 모른 척 얼굴을 돌려버릴 수도 없는 노릇 아닌가.

내가 투자했으니 내 노후는 당연히 자식이 책임져야 한다는 생각을 버릴 수 없다고? 하지만 남에게 의존하면서 살아가야 하는 삶은 결코 편치 않다. 그 대상이 하물며 자식이라 해도 말이다.

은퇴 생활자들 사이에서 유쾌한 농담으로 회자되는 질문이 있다. "노후에 꼭 필요한 5가지가 있는데 그것은 무엇일까요?" 정답은 돈, 지폐, 화폐, 수표, 신용카드란다. 자녀에게 매달 얼마씩 용돈을 타서 쓰고 목돈이 필요하면 머리 조아려야 하는 비굴한 삶은 어느 누구도 바라지 않는 인생이다. 내가 아닌 다른 사람에게 미래를 맡기는 것이야말로 가장 부실한 인생 설계가 아니겠는가.

닌텐도와 아이폰보다 소중한 그것

대형 보험사에서 일하는 인사담당 임원이 들려준 얘기다. 그는 신입사원 이력서를 한 장 한 장 살펴보다가 깜짝 놀랐다고 한다. 10명 중 9명이 경력사항에 '해외 어학연수'를 써냈기 때문이다. 부모들 등골이 다 휘었겠다는 생각이 가장 먼저 들었다고 한다. 그날 밤늦게 퇴근한 그는, 침대에서 잠들어 있는 아들 얼굴을 보고 자기도 모르게 긴 한숨을 내뱉었다. '저녀석도 나중에 나한테 빚쟁이처럼 돈 내놓으라고 하겠지'라는 생각이 들어서.

부모가 되면 자식 앞에서 돈 때문에 떳떳하지 못할 때가 생긴다. 몸은 많이 아픈데 병원비 걱정부터 앞설 때, 집세를 내지 못해 이사해야 할 때 등등. 부모에게 뭔가 잔뜩 물려받은 이들은 확실히 편안하게 사는 것 같아 보인다. (물론 실제로는 꼭 그렇지도 않다. 세상에 공짜가 어디 있겠는가?) 그래서 무슨 짓을 해서라도 내 핏줄을 자손만대 책임지겠다는 핏줄지상주의가 발동하면서 돈을 갈망하게 된다.

탤런트 임채무씨처럼 쿨한 부모가 되는 것이 쉽진 않겠지만, 한 번 고민해볼 필요는 있을 것 같다. 임씨는 2010년 봄, 한 여성잡지와의 인터뷰에서 아들이 33살인데 아직 장가를 못 갔다면서 그 이유로 '집을 안 사줘서'라고 했다. 그러나 앞으로도 집을 사줄 생각은 없단다.

"유학까지 보내 공부시켰으면 됐지 집까지 사줘야 하나요. 대신 집 살 돈의 반을 모으면 나머지는 무이자로 빌려주겠다고 했어요. 전 자식한테 기대지도 않고 기대하지도 않습니다. 우리나라 부모는 자식에게 모든 애정을 쏟아붓고, 은근히 자식에게 반대급부를 기대하는데 그러면 안 돼요. 나중에 결혼해서 자주 찾아와주면 고맙겠지만, 그렇지 않더라도 섭섭해하지 않으려고 해요."

무자식이 상팔자

요즘 선진국에서는 '자녀 리스크'란 말이 유행이라고 한다. 사랑스러운 아이들이 왜 부모 인생에 위험한 폭탄이 된다는 걸까?

자녀 리스크란 말에는 본인이 아무리 성공하고 거액 자산가가 되었다고 해도 예기치 못한 자녀 문제로 노후에 큰 고생을 할 수 있다는 의미가 담겨 있다. 노년이라는 시기가 갖는 특성상, 노후에 현금 뭉칫돈을 지니고 있는 것은 상당히 위험한 일일 수 있다는 것이다.

예를 들면 자녀를 다 키워 결혼까지 시켰는데 갑자기 찾아와서 신용불량자가 되게 생겼으니 도와달라며 손을 벌리는 경우다. 어떻게 해야 할까? 연약한 노부부가 노후생활 자금으로 모아둔 목돈을 사업에 실패한 아들이나 사위에게 어쩔 수 없이 내줘야 했다는 얘기, 평생 절약해서 돈을 모았는데 자식들에게 다 빼앗겨 결국 지하 쪽방에 살고 있다는 할머니 얘기 등은 모두 자녀 리스크가 현실화한 경우다.

이런 얘기를 들을 때마다 자식이 무엇이라고 부모가 다 늙어서 그런 수모를 당해야 하나 생각해 보게 된다. 배 아파 낳은 자식인데 모른 체할 수는 없는 노릇이라 노후에 자녀 리스크만큼 무서운 것은 없다는 생각까지 든다.

자녀 리스크는 우리 사회의 달라지는 풍속도를 여실히 반영하는 신조어다. 그런데 이와 같은 맥락에서 '효도계약서'란 신조어를 우연찮게 접하게 됐다. 한 강남 부자가 자녀에게 재산을 물려주기 전에 효도계약서를 작성했다는 얘기였다. 나는 새로운 풍속도라고 여겨져서 기사화했는데, 기사가 보도된 날 난리가 났다. 독자로부터 항의 메일을 수도 없이 받았고, 인터넷에는 악의적인 댓글도 많이 달렸다. 대다수 사람들이 효도계약서라는 단어 자체에 반감을 가졌다. 심지어 남편도 인터넷에서 그 기사를 읽고서는 왜 그런 기사를 썼냐며 잔소리를 했다.

왜 부자들이 효도계약서를 쓰게 됐을까? 부모가 자녀에게 아무 조건 없이 거액을 물려주면 재산을 함부로 다루기 쉽고, 나중에 부모가 늙었을 때 홀대받을 수 있기 때문이다. 가족간의 정이 메말라서라기보다는 재산 문제를 합리적으로 풀려는 노력의 일환이었다. 하지만 독자들의 반응은 너무나도 부정적이었다. '왜 그런 계약서를 쓰면서까지 재산을 물려받으려고 할까?'에서부터 '아파트 안 물려주면 효도 안 하겠다는 속셈이냐'에 이르기까지 비난 일색이었다.

자식의 입장에서 한번 생각해 보자. 하루 속히 부모로부터 돈을 물려받아 자리 잡은 뒤 자식 교육시키고 부모님까지 잘 부양한다면, 이것이야말로 가장 효율적이고 효과적인 재테크라고 생각할 수도 있겠다. 부모님이 그냥 은행에서 놀리는 돈으로 그럴듯한 사업을 한다면 성공할 것이라고 생각할 수도 있다.(사업은 결코 만만한 것이 아님에도 불구하고 말이다.)

자식이 재산을 달라고 졸라댄다면 그 등쌀을 이겨낼 부모가 어디 있겠는가. '자식 이기는 부모 없다'는 말처럼 말이다. 부모 입장에서 보자면 '그래도 내 자식인데 다 해줘야지' 하고 생각할 것이다. 한편으로는 불쌍하고 한편으로는 괘씸하고 또 한편으론 당연하다고 생각하면서 말이다.

우리보다 잘사는 선진국에 가면 오래된 기성복을 입고 털털거리는 중고차를 타고 다니는 훌륭한 사람들이 많다. 애당초 자식에게 돈을 물려줄 생각이 없기 때문에 돈 콤플렉스도 덜하다. 남에게 별 관심도 없으니까, 청빈을 강조하는 유교식 평등주의로 성장한 우리식의 질투와 견제도 드물다.

아이들에게 계약서 한두 장 받아놓으면 뭐하겠는가. 자녀가 자발적으로 효도하지 않으면 아무 소용도 없는 일인 것을. 그동안 키우고 가르친 것도 모자라서 돈 다 물려주고 달랑 계약서 한 장 들고 자식 눈치를 봐야 한다면 정말 슬플 것이다.

돈 밝히는 아이 vs 돈에 밝은 아이

집안 형편은 솔직하게 털어놔라

대기업 임원으로 승진한 A씨는 중학생 아들로부터 "아빠가 임원이 됐으니 내 용돈을 올려달라"는 요구를 들었다. A씨는 "임원으로 승진했지만 월급은 늘어난 게 아니다"라며 용돈을 동결했다. 그러자 아들이 "그건 아빠 사정이고 용돈 인상은 별개 문제"라고 맞섰다. A씨는 "태어날 때부터 나한테 돈을 맡겨놓은 것처럼, 미안해하거나 고마워하는 기색 하나 없이 당당히 용돈 인상을 요구해 황당했다"고 털어놨다.

아이들이 많이 찾는 인터넷 게시판에는 '용돈 인상에 성공하려면' 같은 내용의 게시물들이 연이어 올라온다. 아빠가 마치 거금을 맡아둔 은행이라도 되는 양, 아빠 신용카드가 도깨비 방망이라도 되는 양 당당하게 용돈을 요구한다. 부모 입장에서는 아이들이 용돈 인상을 요구해 오면 어떻게 대처해야 할지 난감할 때가 많다.

전문가들이 입을 모아 권하는 첫 번째 자녀 경제교육 원칙은 솔직해지라는 것이다. 우리나라 부모들은 아이에게 집안 형편을 말해주는 데 있어 무척 인색하다. 자녀에게 "돈 문제는 어른들이 알아서 하니까 넌 몰라도 된다"고까지 말한다. 상당수 부부는 돈 문제를 갖고 얘기할 땐 안방 문을 걸어 잠그기까지 한다. 하지만 평소 가정경제 상황에 대해 아이들과 공유하려는 노력이 필요하다.

우리에겐 많이 낯설지만, 미국 같은 선진국에서는 가족간 재무 회의가 보편적이다. 새해가 되면 가족이 모여서 특정 재무 목표를 세우고, 이를 달성하기 위한 구체적인 실천 방안을 함께 고민한다. 가족회의를 통해 올해 목표를 '절약'으로 잡았다면, 가족 구성원들은 외식 횟수를 절반 이상 줄이는 대신, 그 돈을 가족 공용통장이나 돼지 저금통에 모을 수 있다. 아이들도 어느 정도 집안 형편을 알아야 가족의 일원으로서 책임감을 공유하게 된다. 자녀에게 일정한 선을 분명히 일러주는 것이 자녀의 미래를 위해서도 중요하다.

SOS에 입각한 소비를 가르쳐라

세계 최대 독립 헤지펀드인 맨그룹Man Group의 피터 클라크 사장. 헤지펀드란 주로 부자들의 자금을 주식·채권·외환·원유·원자재 등 다양한 상품에 투자해 고수익을 노리는 펀드를 말한다. 생각할 수 있는 온갖 방법들로 돈을 버는 게 특징이다. 자녀가 둘인 클라크 사장의 충고가 재미있다.

"영국은 저축을 덜하고 소비를 많이 하는 나라입니다. 그래서 저는 아이들에게 저축하는 습관을 가르치려고 노력합니다. 매달 용돈을 주는데, 용돈을 쓰지 않고 저축하면 1년 후에 15%를 더 줍니다."

세계에서 가장 큰 헤지펀드 수장이 자녀들에게 절약을 강조한다는 사실이 참 흥미로웠다. 그는 "아직 나이가 어려 투자에 대해서는 조언해줄 시기가 아니다"라고 부연했다.

저축은 지구상에서 가장 오래된 자산 증식 방법 중 하나다. 하지만 우리는 언제부터인가 한 푼 두 푼 저축해서 돈을 모으는 데 매력을 느끼지 못하게 됐다.

아이에게 돈을 아끼고 모으는 법은 어떻게 가르쳐야 할까. 너무 어렵게 생각할 필요가 없다.

처음 자녀에게 용돈을 줄 땐 게임이나 인터넷을 많이 하면 용돈을 얼마씩 깎는다든지 혹은 학년이 올라가면 용돈을 올려준다든지 하는 식으로 조건을 걸어두는 게 좋다. 아이들이 작성하는 용돈기입장을 살펴보면서 어느 부분에서 소비 다이어트를 해야 할지 함께 따져보는 것도 좋은 방법이다.

이때 참고로 삼으면 좋을 방법이 이른바 'SOS 시스템'이다. 용돈기입장에서 아이들의 지출 내용을 Ssaving(저축), Ooffering(나눔), Sspending(소비)의 3가지로 구분하는 것이다. 돈을 쓰는 올바른 순서는 저축과 나눔을 먼저 하는 것이다. 소비 항목은 생산적 소비와 소모적 소비로 나눠 아이들과 토론을 해보는 것이 좋다. 가령 책값은 아이들에게 장기적으로 도움이 되는 생산적 소비이지만, 군것질이나 게임기 등은 소모적 소비의 일종이다.

자녀 용돈 구조조정에 나선다면, 아이들이 쓴 용돈기입장 항목들을 세분화해서 살펴보고 어떤 것이 바람직한 지출이었는지 토론부터 하는 게 좋다. 이 과정 속에서 아이들이 충분히 납득할 수 있도록 지출 구조조정 필요성에 대해 설명해야 한다.

자녀가 잘못된 소비를 했으면 무턱대고 혼낼 게 아니라, 아이가 잘못을 깨닫도록 유도하는 게 중요하다. 아이가 돈을 쓸 때의 느낌이 어땠는지, 지출을 결정한 것에 문제가 없었는지 아이 스스로 평가하게 해야 한다는 얘기다.

워런 버핏처럼 키우기

"어린이 여러분, 돼지 저금통이 꽉 차면 뭘 하고 싶나요?"

아이들에게 이런 질문을 해보면 대부분은 입을 꾹 다물어버린다. 부모들이 시시때때로 가르쳐서 돈을 아끼고 모아야 한다는 건 잘 아는데, 그렇게 애써 모은 돈을 어디에 어떻게 써야 하는지는 배운 적이 없기 때문이다.

대한민국 아이들은 어릴 때부터 돈에 대해 고민할 기회를 얻지 못한다. 돈이 뭔지, 돈이 부족하면 어떻게 되는지, 돈을 많이 벌면 어떤 점이 좋은지, 돈을 벌려면 어떻게 해야 하는지 고민해볼 기회 자체를 박탈당한다는 얘기다.

나는 우리 아이가 돈을 잘 쓰는 부자가 되었으면 좋겠다. 돈을 어떻게 쓰면 좋을지 알았으면 좋겠다. 개미처럼 모으기만 하고 어떻게 쓰는 것이 유용하고 인생의 푸짐한 재미가 될 수 있는지 모르는 바보는 되지 않았으면 한다. 그러나 대부분의 부모들은 자녀들이 학교에서 좋은 성적표만 받아오기를 바랄 뿐, 돈에 대해서는 가르치지 않는다. 사교육비를 퍼부어서 일류대학에 보내려고 애쓰는 것만큼, 자녀가 성인이 된 후 확실하게 자립할 수 있도록 잘 가르치는 것도 중요하다.

우리나라 고등학생들의 금융 이해력 점수가 100점 만점에 55점으로, 낙제를 면치 못했다는 뉴스가 그다지 놀랍지도 않다. 아이들에게 가장 필요한 것은 해박한 경제지식이나 고도의 주식투자법이 아니라, 돈을 대하는 건전한 습관이다.

인생에서 가장 훌륭한 스승은 부모다. 재테크도 마찬가지다. 부모로부터 돈에 관한 올바른 지혜를 배운다면 재산을 상속받는 것보다 더 훌륭한 인생의 자산이 될 수 있다.

경濟 生活

白書

경제생활백서

지은이 | 이경은

초판 1쇄 발행일 2010년 5월 28일
초판 2쇄 발행일 2010년 7월 30일

발행인 | 한상준
기획 | 박재호, 이둘숙
편집 | 김민정
마케팅 | 김현우
독자관리 | 이재희
디자인 | 양시호, 디자인포름
종이 | 화인페이퍼
출력 | 경운출력
인쇄 · 제본 | 영신사

발행처 | 비아북(ViaBook Publisher)
출판등록 | 제313-2007-218호(2007년 11월 2일)
주소 | 서울시 마포구 연남동 567-40 2층
전화 | 02-334-6123 팩스 | 02-334-6126 | 전자우편 crm@viabook.kr

ⓒ 이경은, 2010
ISBN 978-89-93642-18-6 03320